ヘンリ八世の肖像　1491－1547

出典：Lacey Baldwin Smith, *HENRY VIII The Mask of Royalty*, Houghton Mifflin Company, Boston, 1973.の扉

グラストンベリ修道院聖メアリチャペルの廃墟
出典：Francis Aidan Gasquet, *The Last Abbot of Glastonbury and Other Essays*, Book for Libraries P., Freeport, New York, 1970.

はしがき

ヘンリ八世の修道院解散を取り扱った研究論文は、従来わが国においては、決して多くはないようである。本書では、これらの研究論文で取り扱っている内容とはなるべく重ならず、いくぶん別の分野を取り上げたいと思う。従来の研究論文等に見られる共通点は、修道院解散の結果に主眼を置き、修道院財産・土地処分に力点を置いているということである。すなわち、近代的行政国家への出発点として、それまで古典的荘園制度の最後の堡塁であった修道院の莫大な所有地が国王に没収された結果、いかなる階層の人々にその土地が売却ないし譲与され、どのように利用されていったか、そしてそれがイギリス資本主義の発展にいかなる役割を果たしたかということを主に論じているように思える。つまり、修道院解散過程を具体的に取り上げた研究論文は、わが国においてはほとんど見当たらない。その理由は、多分、あまり面白味がなく、魅力が乏しいからであろう。

したがって本書では、研究が取り残された分野——一五三六年の「小」修道院解散に至るプロセスを、主に一五三五—三六年の解散直前に焦点を当て、修道院に向けられた巡察使たちによる調査等を中心に、一次史料の分析を中心として、実証的に論究してみたいと思う。

二〇二四年　九月五日

工藤長昭

ヘンリ八世の修道院解散序説

工藤 長昭
KUDO TOSHIAKI

── 凡 例 ──

1　訳語について

・abbey → 大修道院
・priory → 小修道院
・年純収入 200 ポンド以下の修道院 →「小」修道院
・bishop → 司教（宗教改革前、カトリック用語）
　　　　　　主教（宗教改革後、イギリス国教会用語）
・monk → 修道士（カトリック用語）
・nun → 修道女（カトリック用語）

2　略語・記号の意味について

・A…アウグスティヌス（オースティン）修道参事会
・A(n)…アウグスティヌス（オースティン）女子修道参事会
・A(Sep)…アウグスティヌス（オースティン）聖墳墓教会
・B…ベネディクト修道会
・B(n)…ベネディクト女子修道会
・Bridg…ブリジッティンズ修道会
・C…シトー派修道会
・C(n)…シトー派女子修道会
・Carm…カルメル修道会
・Carth…カリタス修道会
・CL…クリュニー派修道会
・CL(n)…クリュニー派女子修道会
・Franc…フランシスコ修道会
・Fr(n)…フランシスコ女子修道会
・G…ギルバート会
・H…救貧所・病院（Hospitals）
・P…プレモントレ修道参事会
・P(n)…プレモントレ女子修道参事会

目次

目次

323

はじめに

イギリスの宗教改革は、テューダー朝（一四八五―一六〇三）の第二代国王ヘンリ八世（在位１５０９―１５４７）の個人的な離婚問題を契機として起こされたものであり、当初からきわめて政治的色彩が濃厚な改革であった。つまりイギリスの宗教改革においては、教義的改革は重要な問題ではなく、その改革はもっぱら国王ヘンリ八世がその后妃キャサリンを離婚せんがための手段として行われたという点に、大陸における宗教改革とは大きく異なる特徴が認められる。「小」修道院解散も、このような政治政策の一環として行われたものであった。

一五三四年、ヘンリ八世みずから国王至上法（首長法 Act of Supremacy）を発布してローマ教皇と絶縁し、イギリス国教会の首長（Supreme Head）としての地位を確立したのであったが、このことはイングランドの教会にとって必ずしも好都合なことではなかった。[1] 歴史家エルトン G. R. Elton は、「ある意味で、修道院への攻撃は、ローマから離脱を宣言したのと同様に、本質的に教会の過去と絶交することを宣言した[2]」（In one sense, the attack on the monasteries proclaimed as essential a break with the ecclesiastical past as did the emancipation from Rome.）と述べているように、イングランドおよびウェールズにおけるすべての教会・修道院およびその他の宗教的建造物は、ローマ教皇に代わってイギリス国教会の首長となったヘンリ八世の直接の監督下に置かれることとなり、このことによって国王ヘンリはみずから次のような諸点を確信するに至るのである。

㈠ たとえ教義（Doctrine）の拠所がなくとも、国王はイングランドの教会に関するあらゆる物事の士師《しし》（Judge）である。

㈡ 国王は、主教をその職に任じることも、またその職を剥奪することもできる。

㈢ 国王は、いかなる教義が正しくて、いかなる教義が誤っているかを主張することができる。

㈣ 国王は、議会を通じて教会法（Canon Law）を改革することができる。[3]

㈤ 国王は、司祭（Clergy）の財産をコントロールすることができる。

直接的にはこの㈤の行使であるが、しかしそれは、「ともかく、議会で制定した法令を内政において実行に移すことはまったく不可能だった。と言うのは、修道院の弾圧は国家の大事業だったから[4]」（In any case, it was quite impossible, for the suppression of the monasteries was a great act of State …… to put parliamentary legislation in domestic affairs into action.）と言われるように、いかに新貴族をその藩屏とするテューダー絶対王政であろうとも、実際に修道院を「解散」するということになると、それは容易ならぬものであり、ほとんど不可能と言ってよいほど困難な政策であった。またプロティスタンティズムがらみの理由をつけて修道院を解散に追い込もうとしても、それも「修道院の運命はプロティスタンティズムの勃興とは間接的関係しかもたなかった」[5]（The fate of the monasteries had only indirect connections with the rise of Protestantism.）のであり、まったくもって理由にならなかったのである。したがって修道院解散は、世俗国家としての新理論から成るイングランドにおいては、かつて見られなかったほどの激烈なやり方でしか断行できない困難な政策だったのである。

註

（1） Philip Hughes, *The Reformation in England, Vol. 1, The King's Proceedings*, London, 1956. p. 286.

（2） G. R. Elton, *The New Cambridge Modern History, Vol. 2, The*

Reformation 1520–1559, Cambridge U.P., 1965. p.235.

（3） Maurice Powicke, *The Reformation in England*, Oxford U.P., 1967. p.28.

（4） *Ibid.*, p.27.

（5） A. G. Dickens, *The English Reformation*, New York, 1969. pp.140–141.

第1章　修道院解散の原因

第1節　教皇制度（Papalism）の問題

一五三六年にイングランドおよびウェールズの「小」修道院は、国王ヘンリ八世によって解散させられたのであるが、この修道院に向けられた攻撃は、すでに一五三四年にイングランドがローマ＝カトリック教会への従属から離れたことによる必然的な結果だったと説く人がいる。すなわち、新しい社会制度として、ヘンリ八世の首長権（Royal Headship）が不動のものとなったとき、イングランド国内の修道会（Religious Orders）は、ローマ教皇が再びイングランドを支配する権威を回復しようとしてなんらかの目論見をした場合に、教皇権の国内における潜在的支持者として、「新体制に対する脅威」（'a threat to the new régime'）となるのであり、それゆえ除去されなければならなかったのであると。[1] 確かに、国王至上権（Royal Supremacy）を拒絶して死刑執行を受けた人々のうちで高い割合を占めたのは、修道士（Monks）と托鉢修道士（Friars）たちであった。しかしこの処刑者の数は、王国内の無数の修道者（The Religious）からみれば、ごくわずかな人数に過ぎなかったのであり、さらに重要なことは、これらの処刑は、修道院の解散が開始される以前に執行されていたという事実である。[2]

司教（Bishops）や教区司祭（Parish Priests）たちは、ながい間イングランドの教会を無慈悲に搾取して来た教皇の権威に対して反感を懐いていたとさえ言われ、同時にイングランドの聖職者たちは、教皇の特命使節（Legatus a Latere）である枢機卿トマス・ウルジーThomas Wolsey（１４７５—１５３０）の圧迫にむしろ憤慨していたのであって、「教皇よりも国王の方がましだ」（Better the King than the Pope）というのが、ウルジー失脚当時（一五二九年）のイングランドの聖職者たちが一般に懐いていた心情であったと言われる。[3]一五三四年に開始されたいわゆる第一回修道院巡察[4]においても、修道士や修道女たちは、おおむね意義なく国王至上権を承認ないし承諾しており[5]、王国内におけるローマ教皇の潜在的支持者であるというしるしは、確かに示してはいなかった。[6]また、国王の総代理（Vicar-General）トマス・クロムウェル Thomas Cromwell（１４８５？―１５４０）が、修道会を教皇制擁護者（Papalists）として危険な存在と考えていたということはあり得るかも知れないが、修道会が教区付司祭（教区在住聖職者：Secular Clergy）より少しでもイングランド人らしくなかったという証拠もないのである。[7]

したがって、修道院を解散に追いやったのは、修道院による教皇制度・教皇世界主義の擁護が主たる原因であるとする説は、以上の諸点から見て、支持するには困難と言えよう。

第２節　モラル頽廃の問題

修道院解散という事態は、修道院の規律が頽廃し、その存在価値が希薄になっていたために起こったとする学説もある。(8)

修道院のモラルは、オックスフォード大学神学教授のサイモン・フィッシュ **Simon Fish**（?―１５３１）が、一五二八年から一五二九年にかけて著した『乞食の嘆願』(9)（*"Supplication of the Beggars"*）のごときポピュラーなパンフレットによって採択されもしたように、確かに弛んでいた。歴史家パウイック **M. Powicke** は、「最初の熱狂が過ぎ去って以来、修道院生活は常にふしだらであった」(10)と述べている。

「最初の熱狂が過ぎ去って以来」とは、具体的に一体いつごろのことをさすのか明確には分からないが、イギリス中世史家アイリーン・パウア **E. Power** によれば、「中世後期、すなわちチョーサー（１３４０?―１４００）が生きていたころになると、若い人々は神の御召しに与るのではなく、むしろ職業として修道院に入るようになった」[11]という。その結果、とりわけ聖ベネディクトの戒律のごときもその厳格な禁欲主義は弛緩し、かつ重要な多角性を喪失しつつあったのである。[12]修道士たちによる時間不励行の罪は「ごく普通のこと」(exceedingly common)となっていたし、修道士たちはときどき一連の日課祈祷を「さぼった」。修道士の中には、「修道院に住まぬ修道士は水中に住まぬ魚に等しいと教義は教えているが、彼はそうした教義など牡蠣一つの価値さえもないと思った」[13]とあることからも容易に想像できるように、修道院規則の教義など一文の価値もないと思っていた修道士も現にいたことだろう。確かに実際に、「十四世紀の世界は水からあがった魚でいっぱいだった」[14]と言われているのである。

十六世紀のイングランドにおける修道会も、カルトジオ修道会(Carthusians)、ブリジッティンズ修道会(Bridgettines)、オブザーバント(Observant)、フランシスコ会（Franciscans）のような確かで著名な例外はあったが、改革の余地があった。[15] 歴史家ポラードA. F. Pollardは、「ヘンリ八世の治世は一致して、その初めから、司教たちや他の申し分のない証人たちによって、根本的な改革の必要性が盛んに言われている」[16]ことを指摘し、これらのモラルの放縦についていくつかの具体的な事例[17]をあげている。

そこで、一五三五年七月に、イングランドおよびウェールズの各修道院ならびにその他の宗教的建造物に向けて政府から派遣された法律家中心の巡察使（Visitors）たちは、このような修道院・教会内の悪弊・不節制を調査し、その報告書に基づいて悪いところを矯正し、改革するという、いわば認諾される目的で任命されたのであった。[18] しかし、改革が最終的に全体の消滅――修道院解散は、一五四〇年、ロンドン北東部のウォルサム大修道院の解散をもって、全修道院の解散が最終的に終了した――という激烈なかたちをとって現れることが、果たして実際に必要であっただろうか。修道院生活におけるモラルの頽廃は、十六世紀のイングランドではむしろ一般的であって、その点については初めから分かりきっていたことなのである。

歴史家ポラードは次のように言っている。「解散が巡察使たちの真の目的ではないというのを信じ、かつまた巡察使たちの報告書に準拠して、解散が国王に余儀なくさせられたに等しいということを信じるには、強い信念を必要とする」[19]と。モラルの頽廃は、疑いなく全般的な結果に貢献したとは言えても、そのことが真に修道院解散の決定的な動機となったとは考えられないのである。

第３節　王室財政窮乏の問題

修道院解散の動機は、究極的には、ほとんど王室財政上の方策に尽きると言って説明がつくと思われる[20]。歴史家ウッドワード G. W. O. Woodward は、財政上の問題は「ほとんど争われない解散の唯一の理由」であると言明している。

テューダー朝の祖ヘンリ七世（在位1485―1509）による王室財政の入念な管理によって蓄積されたかなり巨額の財源[21]も、その子ヘンリ八世（在位1509―47）即位初期には、奢侈と戦費とによって、倹約家の父王の蓄えた財源はほとんど枯渇し、財源充足は焦眉の問題となっていた。[22]すなわち戦艦および大砲製造の費用はなお増大しつつあったし、また国土防衛上多額の経費を入用としていたのである。そのために一五二八年から一五二九年という早い時期に、枢機卿ウルジーは、教皇の教書によることなく、六人以下の小修道院を閉鎖するなど[23]、民間に財源を求め、相当な無理が敢行されていたのであった。[24]まさしく、「自己の予算のバランスをとることが漸次困難になると気づいていた君主にとって、修道院は魅力ある捕獲財産だった」[25]ことは、なんら疑問の余地がない。歴史家マッキーJ. D. Mackieによれば、「一五三三年に北部の境界だけで二五、〇〇〇ポンド近く消費し、一五三四年のアイルランドにおけるジェラルディンGeraldineの謀反は、アイルランド政府が調達し得た以上の三八、〇〇〇ポンドを消費した。ドーバーやカレーの堡塁は費用がかかった。（「小」修道院解散に反対して起こされた＝工藤註）恩寵の巡礼（The Pilgrimage of Grace）鎮圧に五〇、〇〇〇ポンド費やした。王は宮殿を構築中だったし、宮廷の維持費は、貨幣価値が暴落するにつれて着実に高まった。一五三四年以降、主に毛織物補助金（Wool-subsidy）の低下に起因して、フランスはもはや年金を支払わなくなり、また関税収入はたえず減少していった」[26]（In 1533 alone the northern border cost nearly £25,000; the Geraldine rebellion in Ireland cost, in 1534, £38,000 more than the Irish government could supply; fortifications at Dover and Calais were expensive; the suppression of the Pilgrimage of Grace cost £50,000; the king was building palaces, and the upkeep of the court became steadily dearer as the value of money fell. After 1534 France paid no more pensions and customs revenue, owing mainly to a fall in the wool-subsidy, persistently declined.）とあり、一五三四年前後がいかに財政上の窮地に陥っていたか、また

王国の重大な時局にあって危機に瀕していたかが分かるのである。一五三四年はヘンリの最初の妻キャサリン・オブ・アラゴンとの離婚に加え、ローマ＝カトリック教会からの分離によって侵入の危機は明らかに増大し、とくに、同年夏のアイルランドの反乱は、問題を一層さし迫ったものにし[27]、「国家の防衛および安定した政治は教会の財源をかなり大規模に利用する以外にほとんど維持され得なかった」[28]のである。

そこでヘンリ八世は、格別先見の明ある大臣を一人登用しなければならなかった。旧主ウルジーよりも狡猾な下院議員トマス・クロムウェル Thomas Cromwell が、国王の総代理（Vicar-General）ならびに国王代理（Vicegerent）として国王ヘンリによって任命され[29]、この仕事に着手することになる。もともとクロムウェルは、ウルジーの配下で、ウルジー失脚以前に修道院をいじくりまわし、その財産調査とその後の財産管理に深くかかわっていたわけで[30]、国王にとってはうってつけの人物だったのである。クロムウェルの公約は、主君ヘンリを「キリスト教世界におけるもっとも富める君主[31]」たらしめるにあったという。教会財産の接収に際し、クロムウェルが国王に送った書簡からもそのことが窺い知れる。

もし、陛下がすべての人々を富ますと同様に、陛下を金持ちにすることが私の力の及ぶところであり、またございましたならば、神よ、それが成就されますようわれを助け給え[32]。（Yf it hadde bene or were in my power to make you so riche as ye myght enryche allmen god helpe me as I wold do hit.）

一五三四年初秋、クロムウェルとその同僚とは、イギリス国教会（アングリカン・チャーチ）の財政上の国有化に関するある種の計画を練っており、その時の草案（以下、「教会国有化案」と表記）が今日に遺されている。そこで、以下にこの草案[33]の全文試訳を示してみたい。この草案は、同年ヘンリをアングリカン・チャーチの首長とする第一継承法の成立直後に作成され、完成を見ないまま放置されたものと考えられる。

1　まず第一に、カンタベリー大主教は、その地位を維持するために毎年二、〇〇〇マークを有するものとし、これ以上は（有しては）[1]ならないということ。しかして当該大主教に属する全残余財産は、陛下の王国を防衛し、かつその国王たる地位を維持するために、陛下ならびに陛下の後継者たちの手に確保され得るということが、正式に制定される一法律に従って、議会（パーラメント）の権威によって規定できる。

2　さらにまた、ヨーク大主教は、その地位を維持するために毎年一、〇〇〇ポンドを有することができ、これ以上は（有しては）ならず、しかして残余財産は、上に述べた方式で、国王の手にと国王の後継者たちの手に帰するということが、同様に規定できる。

3　さらにまた、毎年指定していた一、〇〇〇マークより多くの金銭を費やすことができるという主教は、いずれも皆、その身分を維持するために、一、〇〇〇マークであり、これ以上は（有しては）ならず、しかして残余財産は、上に述べた方式で、国王の手に帰するということが、同様に規定される。

4　さらにまた、陛下は、イングランド教会の首長の地位を維持するために、**陛下の手にと配下**[2]〔後継者たち[3]〕**の手に、**現在の任務を退いて新たな宗教上のあらゆる**主教職**（Bishopric）、聖職禄（Benefice）、顕職（Dignity）に就くなり、あるいは昇進するたびごとに、新任年度のそれらの初収入税（First Fruits）を有することができ、しかしてこの者たちの贈与（Gift）については、これまで通りとする。また、**国王以外に、**ノリッジ主教への初収入税はやめて、もはや支払わなくてよい。

5　さらにまた、陛下は、どのような建物においても、その在院者数が一修道会（Convent）より少ない、すなわち、一三名以下であるか**もしくは最近そ**

うなった修道院（Monasteries）、大修道院（Abbeys）、小修道院（Priories）およびそれらの宗教ないし諸修道院の建物に属するすべての土地ならびに財産を、［王国を防衛する目的で利用し、思弁して、］その国王たる地位**ならびに後継者たちのもの**を維持するために、陛下の手にと陛下の後継者たちの手に有することができる。

6　さらにまた、修道士ならびに他の男子修道者（Religious Men）たちの大修道院および修道院で、その在院者数が一修道会以上であるというそのような所においては、司祭であるあらゆる修道士に、修道院財産のうちより一〇マークが割り当てられて然るべきであるということが規定される。しかして司祭でない修練士（Novice）ことごとくに対しては、五ポンド[4]。しかしてその修道院の大修道院長ないし支配人（Governor）に対しては、このようなあらゆる大修道院長ないし支配人が歓待ならびに修道院の修理を続けんがために、修道院財産のうち、修道会全体が彼ら全員の間で割り当てた年価値とちょうど同額分（が与えられる）。しかして修道院の残余財産は、国王ならびに国王の後継者たちに帰すること。

7　同じく女子修道者（Religious Women）たちの大修道院ならびに修道院で、その在院者数が一修道会以上であるという所では、修道院に属するすべての修道女は、彼女らによって確認されたところによれば、毎年［五ポンド］―○マークを彼女らに割り当てたようであるので、そのように規定される。しかして女子大修道院長（Abbess）ないし女子小修道院長（Prioress）は、歓待ならびに修道院の修理費として、修道女全員を合わせた額と同額分を毎年有することとし、残余財産は国王ならびに国王の後継者たちに帰すること。

8　さらにまた陛下は、あらゆる大聖堂（Cathedral）なり共住聖職者団聖堂（Collegiate Church）なりにおける利益配当のうちの半分・二分の一を有することができる。しかして他の半分は、居住が習慣づけられた定住者（Residencers）たちに帰すること。

9　さらにまた、陛下ならびに陛下の後継者たちは、王国内のあらゆる副監督管区（Archdeaconry）の歳入のうちの三分の一を有することができる。

10　さらにまた、聖ヨハネ騎士団の首長［イングランドの聖ヨハネ騎士団団長］は、終生一、〇〇〇マークを有することができ、これ以上は（有しては）ならず、しかしてその残余財産は、国王ならびに国王の後継者たちに（帰する）。しかして当該聖ヨハネ騎士団団長が死亡したあとは、直ちに、当該ヨハネ騎士団の首長にいま所属している土地および財産の全体を、同様に、地方におけるすべての騎士分団に属する土地および財産のことごとくを、いま生きていてそれを所有している騎士団員が死亡したあとは、これらの財産が陛下の手に移り、陛下のものとなって、**陛下の地位ならびに陛下の御子たちの維持と、**［いずれの手法であれ］**アイルランド人に備え、その侵入［および］防衛および企てに充てるために、**［トルコ人（Turk）の防衛およびそれゆえの困惑］［侵入］に充てるために、陛下がそれらからの利益を用いて、工夫し、実行することを可能とせんがために、陛下がことごとく有すること。

11　同じく正義が、国王の全臣民に対して、単に国王の役人や臣下たち［国王の役人や臣下たちだけ］によって、事実のとおりに公平に寄与され得るようにせんがために、いかなる大主教職、主教職、大聖堂、共住聖職者団聖堂、修道院、小修道院なり、これら以外の諸修道院なり**大修道院なり**に所属する建物であれ、これら［に所属する］すべての特権（Franchises）とその特権領（Liberties）とは、永久に［王室に?·《ママ》］取り戻され、併合されて然るべきであり、荘園領主裁判所（Court Barons）とその管轄区（Leets）だけが例外とされる。しかしてこの上に陛下は、ドーバー港を造ることや種々の大建築物（Piles）、要塞（Fortresses）、防塞（Blockhouses）、その他にスコットランドに備えての軍需品（Munitions）および他に王国を安全にし、防衛するために必要な国境に充てるため［だけでなく］、アイルランドの防衛に充てるために、目下行っており、また（今後）始められる戦争の諸負担に対してもまた、以下のごとき地方税（Rates）を有することができる。

まず第一に、二〇ポンドないしそれ以上を費やすことができる宗教界の人物ことごとくについては、一ポンドについて四シリングを二年間で支払うこと。すなわち毎年一ポンドについて二シリングずつ。

同じく、二〇ポンド以下を費やすことができる宗教界の人物ことごとくについては、一ポンドについて二シリング、すなわち一年に一二ペンスずつ二年に分けて（支払うこと）。

同じく、土地で二〇ポンドないしそれ以上を費やすことができるか、あるいは動産で一〇〇ポンドないしそれ以上の価値があるという世俗界の人物ことごとくについては、二年間に一ポンドごとにつき二シリング、すなわち毎年一二ペンスずつ（支払うこと）。

同じく、四〇シリングないしそれ以上で、しかも二〇ポンド以下を費やすことができるか、あるいは動産で五ポンドないしそれ以上で、しかも一〇〇ポンド以下の価値があるという世俗界の人物ことごとくについては、二年間に一ポンドにつき一二ペンスずつ、すなわち一年につき六ペンスずつ（支払うこと）。

同じく、王国内に居住し、在留する外国人（**Strangers**）は、王国の世俗界の臣民としての地方税を倍額支払うこと。

〔右史料文の註〕

① 文中の（　）内の訳文は、訳者（工藤）による補足である。

② 文中のゴシック体部分は、別人の筆跡で後から加筆されていることを示す。

③ 文中の［　］内の語句は、原文がかき消されていることを意味する。

④ この金額は、明らかに、配下の修道士たちに分け与える俸給（**Stipends**）だったのであり、一五三六年にパーショア Pershore の大修道院長が適当な額として提案したものであった（Joyce Youings, *The Dissolution of the*

Monasteries, George Allen & Unwin, London, 1971. p. 146.）

1　教会国有化案の理由・目的

以上の教会国有化案を敢えて整理すると、次のようになるだろう。イギリス国教会を財政上国有化する理由・目的は、第一に王国の防衛のためであり、第二に国王と国王の後継者たちの地位維持のためである。つまり、イギリス国教会首長としての国王の地位維持のためである。

防衛とは、対アイルランド、対スコットランド、対トルコ（オスマン帝国：1299―1922）用の防備および戦費である。さらに、ドーバー港の築造、種々の大建築物、要塞・防塞、軍需品および国境防備等々の諸費用に充てるためである。

この教会国有化案は、史料文の註②③（本書35頁）に示した通り、クロムウェル以外の別人の筆跡で部分的に加筆されていたり、原文がかき消されている。これらの点に起草者の心理や意図がよく現れているように思われる。第10条では、「アイルランド」は別人の筆跡で追加記入されており、同じく「トルコ」は原文がかき消されている。「アイルランド」が第10条にあとから加筆された理由はよく分からず想像に過ぎないが、クロムウェルと国王ヘンリのアイルランドに対する防衛上の認識の相違があったからではないだろうか。そう考えると、多分、国王ヘンリが加筆したものかもしれない。いま一つは、第11条にすでに「アイルランドの防衛に充てるために」――従来、イングランド国王は、アイルランドの領主であるという認識を持っていた[34]――とあり、これを補強する意図で何者かが第10条に追加記入したとも考えられる。また「トルコ」については、この教会国有化案作成の五年前の一五二九年に、オスマン帝国のスレイマン一世（在位１５２０―１５６６）が第一次ウィーン包囲を行っており、このイスラム勢力によるヨーロッパキリスト教世界への侵入が彼らに大きな衝撃を与えた。このことが念頭にあって書いたものの、さすがにあとでやや大袈裟と感じ、削除したのではないだろうか。とにかく、より多くの理由を列挙して、防衛費や軍事費・戦費を調達しようとした意図が条文から汲み取れるのである。これこそがこの後の修道院解散の真の理由となるのであり、したがって、修道院のモラルの頽廃は単に議会や臣民を説得するための口実として利用されたに過ぎないと言えるだろう。

2　教会国有化案の租税負担対象と税額

聖界における負担の対象者は、第一にカンタベリー大主教、ヨーク大主教をはじめ、すべての主教である。カンタベリー大主教は年収二、〇〇〇マーク以下に、ヨーク大主教は一、〇〇〇ポンド以下に、その他すべての主教は一、〇〇〇マーク以下と規定され、これらを超えるすべての残余財産は国王へ納められる。そして新たにイギリス国教会の主教職（この「主教職」なる語は別人によりあとから追加記入されている）、聖職禄や顕職等に就くなり昇進するなりした場合の初収入税は、贈与を除いて、国王へ納入される。

大主教、主教職、大聖堂、共住聖職者団聖堂、小修道院、大修道院（この「大修道院」は別人の手によりあとから追加記入されている）の特権と特権領は永久に王室に帰することとし、荘園領主裁判所とその管轄区のみが例外とされた。

以上以外の聖界の宗教人で、年二〇ポンド以上消費できる者は、一年に一ポンドにつき二シリング納入する。年二〇ポンド以下消費できる者は、一年に一ポンドにつき一二ペンス納入する。

聖界関連で特に注目すべき条項は、第５条から第10条であろう。それらのうち驚愕すべき条項は、第５条である。在院者数が一三名以下の修道院、大修道院、小修道院の「土地と財産」の没収が規定された。そして在院者数が一三名を超える修道院については、司祭修道士は年一〇マーク、修練士は年五ポンドが割り当てられ、いわゆるサラリーマンとなる。ただし、大修道院長ないし支配人に対しては、「修道院財産のうち、修道会全体が彼ら全員の間で割り当てた年価値とちょうど同額分」（第６条）がさらに与えられる。その理由は、大修道院長ないし支配人が歓待ならびに修道院の修理に使用するためである。残りは国王とその後継者たちへ。

また在院者数が一三名を超える女子修道院、女子大修道院の修道女には、年一〇マーク（当初の五ポンドがかき消され一〇マークに訂正されている）が割り当てられる。そして男子の場合と同様に、女子大修道院長と女子小修道院長に対しては、歓待ならびに修道院の修理費として、「修道女全員を合わせた額と同額分」（第7条）がさらに毎年与えられる。残りは国王とその後継者たちへ。

大聖堂、共住聖職者団聖堂の利益配当の半分が国王とその後継者たちへ支払われ、残りの半分は定住者たちに与えられる。

副監督（大執事）管区の歳入の三分の一を国王とその後継者たちへ。

第10条では、聖ヨハネ騎士団の最終的な没収が規定されている。騎士団の首長は終生一、〇〇〇マークで、残りは国王とその後継者たちへ。そして同首長と騎士団員が死亡した後は、騎士団の土地と財産はすべて国王に接収される。

俗界の臣民については、土地収入で年二〇ポンド以上消費できる者、または動産で一〇〇ポンド以上を所有する者は、一年に一ポンドにつき一二ペンス納入する。また四〇シリング以上二〇ポンド以下消費できる者、または動産で五ポンド以上一〇〇ポンド以下を所有する者は、一年に一ポンドにつき六ペンス納入する。

在留外国人は、俗界の臣民としての地方税を倍額支払う。

以上の史料（教会国有化案）の通り、クロムウェルのこのとてつもない計画は、結局断念しなければならなかったが、今後の行政上の一連の「指針」として、一五三六年の「小」修道院解散ひいては一五三九年の大修道院解散となんらかの関連を持つことは、容易に想像できる。すなわち、当面の目標として上掲の史料中に含まれているもっとも興味ある案は、繰り返しになるが、在院者数が一三名以下であるか、もしくは最近そうなった全修道院の基本財産は、完全に国王とその後継者たちに引き渡されるものとすると規定した、第5条であろう。この第5条にこそこの案の起草者の真意が、明白に暴露されている。この場合、その修道院の創建過程が王立であろうとなかろうと関係ないのである。この条項こそが、いずれは、かなりの数の修道院が解散されるかもしれないという方向性を示したものとして、重要な意味をもつものと考えられ、この点、聖ヨハネ騎士団の漸次廃止を規定した、第10条も同様である。[35]

そこで、その後の新たな計画の実現とは、教会財産のほとんど半分近くを国王にもたらすというもので、つまり八五〇前後の修道院を解散し、それらの全財産を没収するというものであった。[36]

それでは一体ヘンリ八世は、教会財産・修道院財産の接収をいつごろから暗に懐いていたのだろうか。一五二九年の春にすでにヘンリ八世は、国家による教会財産の没収というモラリティについて、ローマ教皇使節として当時王妃キャサリンの離婚問題を調停するためにイングランドに派遣されていた枢機卿カンペッジョ Campeggio にもらしていたと言われる。[37][38]また同年の暮れに、ロンドン駐在のフランス大使は、教会・修道院財産の略奪が、来たるべき議会の、いわゆる宗教改革議会(39)が最優先する議題の一つであることを予期している。(40)すなわち、このころすでにヘンリの二番目の妻アン・ブーリン Boleyn 派が支配的になっていたのであるが、ベレイ Bellay 公は、ヘンリの法廷で会ったブーリン派の印象を、「貴族院はウルジーの失脚ないし死後、教会を弾劾してその財産を占有するつもりでいる」(41)と、十月に本国へ書き送っている。

さらに、修道院解散の最初の風評は、一五三二年にあったとする学説もある。(42)それによれば、修道院の富を含む教会のすべての基本財産の没収は、一五三三年に考慮中だったと言われている。

一五三三年三月十五日、ドイツ皇帝カール五世駐英大使のユースタス・シャピュイ Eustace Chapuys は、ヘンリとの談話の内容、すなわち、ヘンリが、祖先のヘンリ二世（プランタジネット朝初代：在位１１５４―８９）とジョン王（同第三代：在位１１９９―１２１６）によるローマへの服従を逆転させること、聖職者たちが王室から保有した財産を王室に再統合するつもりでいること、を皇帝に報告している。[43] さらにシャピュイは、一五三四年にも、広がっていた噂を皇帝宛ての書簡の中で、次のように言及している。

「国王が目論んでおられることは、教会財産の一部を奪い、残りを貴族たちに分配しようとしておられることであります」[44] ――一月二十八日付

「(国王は) 教会の財産を大層むやみに欲しておられ、すでにそれをご自分の世襲財産とみなしておられます」[45] ――二月十一日付

「今度の議会で国王は、全教会財産を獲得しようとしておられます」[46] ――六月二十三日付

「クロムウェルは、当該議会で、国王がジェントルマン(郷紳)たちの好意を得るために、教会歳入の比較的大部分を彼らに分配なさるものと考えております」[47] ――九月十日付

欠乏した国庫を充たすために、ヘンリ八世はいかなる可能な拠所からも、すなわち宗教界では教区在住聖職者（Secular）・修道院所属聖職者（Regular）のいかんを問わず、世俗界から――前掲史料「教会国有化案」第11条参照――でさえも貨幣を取り立てるために驚くほど積極的に取り組んでいた様子が窺える。[48] シャピュイの報告にあるように、ヘンリ八世は、先祖が教会に譲与した王室領（Crown Lands）の回収をも実際に考えてはいたが、あくまでもそれは法律を重んずる方法での回収だった。[49] ヘンリの本心は、全教会財産を掌中に収め、聖職者たちに質素な生活を広めることだったようであるが、その実現には大きな困難が伴い、時間がかかることを知っていた。つまりそれは何かというと、①聖職者（Clergy）らの不平・不満や憎悪、②教会ないし教会の相続人に財産を寄進した者たちの不平・不満や憎悪、[50] ③大規模な没収の是認にはジェントルマン（郷紳）らへ厖大な賄賂が必要なこと、この三点である。そのためヘンリは、聖職者たちが、いつか首長である国王にその財産を寄贈するという条件のもとに、彼らを当分そのままにしておいたのである。また修道院については、一五三四年の時点で、次のような問題があった。修道院の数および内訳――自治修道院（Autonomous Houses）数と付属修道院（Cells：以下、「僧庵」と表記）数――、所在地、土地の出所および価値、年収がまったく不明だったのである。[51] したがって一五三四年の時点では、たとえ国王が内心いかように考えようとも、実際のところ修道院没収に関する計画に乗り出すには、無鉄砲な段階にあったのである。

第4節　諸階層の態度

国王以外の人々もまた教会財産・修道院財産を妬んでいたと考えられる。前述の『乞食の嘆願』――註（9）に掲載――を一例として、当時の上流階級から庶民階級に至るまで教会および修道院の富を欲していた節が認められる。しかし実際は、『乞食の嘆願』は極端な例に過ぎないと言えるだろう。

歴史家ディケンズ A. G. Dickens は、「大変リアルな意味で、国民全体は、解散という無慈悲な企てにおいて、王と大臣（クロムウェルをさす＝工藤註）のパートナーだった」[52]と言い、また歴史家ポラードも、「修道院の解散は、これらの有力な諸階層の世俗の原理とうまく調和した」[53]と指摘している。ポラードの言う「有力な諸階層」とは、とりもなおさず、新興貴族・ジェントリ（郷紳）、議会の構成員、治安判事、富裕な商人やヨーマン（独立自営農民）たちのことであり、いわゆる上流階級・中産階級に属する人々であって、これらの者たちは修道院の所有地を入手すべく渇望し、修道院解散後に望み通りその多くの土地を取得することができた人々である。[54]このことは、この後のイングランドにおける国民経済の進展と深い関係を持つことになるのであるが、それは別の研究に委ねるとして、クロムウェル自身中産階級出身（ロンドン近郊のプットニーで富裕な鉄《てっ》匠《しょう》・酒造人・漂布《ひょうふ》職人を父として生まれた）で、国王の側近にありながら、新興中産階級の代弁者・指導者として行動したことは、十分考慮されなければならないだろう。しかしこれらの「有力な諸階層」とて、最初から修道院の土地を取得しようとして国王と結託したように論ずる説には賛成できない。当初はむしろ消極的であり、あくまでも国王ヘンリとクロムウェルの主導的な財政政策がまずあって、彼らはそれに従った、あるいは受け容れた、と解釈することの方がより実態に近いように思われる。

また下層の一般庶民は、課税緩和を念頭において修道院の解散に賛成したものと考えられている。しかし下層庶民は、たとえ修道院の富を欲していた者がいたにせよ、実際に修道院の土地や財産が得られるはずもなく、修道院の解散に無関係であり、それゆえ彼らの大多数は、積極的に関わろうとはしなかった。しかしまた一般庶民の多くは、根強い素朴な信仰心を持っており、この信仰心という点において、修道院解散に内心強い反感を持っていたようである。北部で起こった農民反乱＝恩寵の巡礼（後述）はそのことを如実に示している。この点で、上述のディケンズの言葉は少し主観が入っているように感じられ、やや正しいとは言えないように思われる。

まとめ

歴史家エルトン G. R. Elton は、修道院の解散について、次のように明快に言っている。「大体において攻撃は、すべて聖職の富へのあらゆる憎しみの一結果としてみなされなければならない。つまり王室は貨幣を必要とし、ジェントリ（郷紳）たちは土地を必要とした」(55)と。国王ヘンリ八世は、王権を制限する大地主・大貴族を弱体化させるために、新興地主階級であるジェントリ層・新興貴族および新興中産階級と提携し、彼らを藩屏とすることによって王権つまり絶対王政の強化に努めたことはよく知られている。

ヘンリ八世は反聖職主義者ではなかったが、しかし実際多くの反聖職主義者の見るところでは、イングランドおよびウェールズの中世末期における教会の土地財産の総額は、常に増大しつつあったと言われる。[56] これは大局的な見方としては正しいが、当然のことながら、個々の修道院を見ると、運営の苦しい修道院もあったようである。また、もともと教会と修道院は機能的に別個のものであるが、国民生活にとって教会は最低限必要不可欠な存在であったとしても、一方、修道院は修道士や修道女たちの専門的な修行の場としての機能を主として有するものである。このような点にこそ、修道院が、財政窮乏期の王権につけこまれる余地を多分に残していたと思われる。修道院のモラル頽廃は、解散の口実として政府に利用されはしたが、決して解散の真の動機ではなかった。第一、一五三六年四月四日に「小」修道院解散法が成立するが、[57] それによれば、解散となる対象は、年価値・純収入二〇〇ポンド以下の「小」修道院であって、モラルの良し悪しを基準とするものではなかったのである。

なお、このようにして約二四四の「小」修道院が僅か数カ月の間に解散され、その没収された修道院領が、ジェントリ層をはじめとする新たな所有者ないし経営者を得て有効に運営され、その後のイングランド国民経済の進展に貢献したことは言うまでもない。あえて修道院解散の意義を一言で言うとすれば、中世封建勢力の後退に対する絶対王政の勝利・伸張と見なすことができるだろう。

註

（１）G. W. O. Woodward, *Reformation and Resurgence 1485–1603: England in the Sixteenth Century*, Blandford P., London, 1963. p. 75.

（２）*Ibid.*

（３）G. M. Trevelyan, *English Social History*, Pelican Books, 1972. p. 119. 藤原浩・松浦高嶺訳『イギリス社会史１』（みすず書房、一九七一年）、九

一頁。

（4）巡察は前後四回にわたって行われ、それぞれ目的が異なっていた。第一回（一五三四年秋—三五年）は、第一継承法（First Succession Act）と反教皇連累（antipapal implication）の宣誓、第二回（一五三五年三月—七月）は、「教会財産査定録」（*Valor Ecclesiasticus*）の編纂と十分の一税の準備、第三回（一五三五年七月—三六年二月）は、モラル頽廃を「改革するため」の調査書の作成、第四回（一五三六年四月—三七年）は、「小」修道院の最終調査および解散が目的であった。出典は次の通り。G. W. O. Woodward, *op. cit.*, p.76; P. Hughes, *The Reformation in England, Vol.1, The King's Proceedings*, Hollis and Carter, London, 1956. p.283; Maurice Powicke, *The Reformation in England*, Oxford U. P., 1967. p.28; M. D. Palmer, *Henry VIII*, Longman, London, 1971. p.61; Dom David Knowles, *The Religious Orders in England, Vol.3,*

The Tudor Age, Cambridge U. P., 1971. p. 305; A. G. Dickens, *Thomas Cromwell and the English Reformation*, English Universities P., London, 1972. pp. 129–130; Joyce Youings, *The Dissolution of the Monasteries*, George Allen & Unwin, London, 1971. pp. 47ff.

（５）ただし、第一回巡察の期間については、「一五三四年夏から秋にかけて」という説もある (P. Hughes, *op. cit.*, p. 283)。
第一回巡察の際、国王至上法（首長法）の受諾宣誓を拒絶したのは、原始会則派（**Friars Observant**）とロンドン・チャーターハウス（**London Charterhouse**）の修道士たちだけだったが、後者は一五三五年六月六日に宣誓書に署名した (Frederick C. Dietz, *English Government Finance 1485–1558*, Second Edition, London, 1964. p. 126)。

（６）Joyce Youings, *op. cit.*, p. 33.

（７）G. R. Elton, *The New Cambridge Modern History, Vol. 2, The Reformation 1520–1559*, Cambridge U. P., 1965. p. 235.

（8） J. R. H. Moorman, *A History of the Church in England*, London, 1973. pp. 173, 176.

（9） このパンフレットは、国王宛ての上奏文の形で書かれていた。少し長いが、引用してみよう。「過ぎ去りし陛下のご先祖様方の時代に、もう一つ別の種類の、（働けない者ではなくて）強壮で力強く、にせもので神聖で怠惰な乞食と浮浪者……司教（Bishops）、大修道院長（Abbots）、小修道院長（Priors）、助祭（Deacons）、副監督（Archdeacons）、副司教（Suffragans）、司祭（Priests）、修道士（Monks）、戒律修行僧（Canons）、托鉢修道士（Friars）、赦罪僧（Pardoners）、召喚吏（Sommoners）が、巧みにこの陛下の王国にもぐりこみました。そして一体誰が、（勤労は一切ご免をこうむって）物乞いをし、その結果王国の三分の一以上を手中におさめてしまった、この怠惰で破滅をもたらす種類の乞食と浮浪者の数を、数えきることができましょうか。最良の領地

（Lordships）、荘園（Manors）、土地（Lands）、大所領（Territories）は彼らのものであります。その上彼らは、あらゆる穀物、牧草地（Meadow）、放牧地（Pasture）、牧草、羊毛、子馬、子牛、子羊、豚、鵞鳥、若鶏の十分の一をとりあげます。……のみならず彼らはおのれの利益をきわめて厳重に見守っていて、貧しき主婦たちも十に一つは卵を彼らにやらねばならず、そうしないと彼女はイースター（復活祭）のときに享くべきものを与えられず、異端とみなされる始末であります。……召喚吏は、まず民衆に司教代理法廷（The Commissaries Court）へ出頭することを命じ、その後で出頭を金で免除するというやり口で、一年にどれほどの金銭をゆすりとっていることでしょうか。……托鉢修道士か修道士か、あるいはまた司祭と一緒に一時間寝るだけで、一日に少なくとも二〇ペンス稼げるのに、日に三ペンスもらうために働こうという女がありましょうか」といった調子で、サイモン・フィッシュが到達した結論は、聖職者、とくに修道士と托鉢修道士とは、その富を国王および王国のために剥奪して他の人々と同様に働かせるべきであり、また彼らにも結婚を許して、他人の女房に手を出させないようにせよ、ということだった（G. M. Trevelyan, *op. cit.*, pp. 117-118. 邦訳、八九—九〇頁）。

（10） M. Powicke, *op. cit.*, p. 32.

（11） Eileen Power, *Medieval People*, Messrs Methuen and Co., London, 1950. p. 68. 三好洋子訳『中世に生きる人々』（東京大学出版会、一九六九年）、一一〇頁。

（12） Cf. *Ibid.*, pp. 59-84. なお、聖ベネディクトの会則全73章の内容と性格のあらましについては、今野國雄『西欧中世の社会と教会』（岩波書店、一九七三年）、一一五—一三四頁参照。

（13） Geoffrey Chaucer, *The Canterbury Tales, translated into Modern English by Nevill Coghill*, Penguin Books, 1970. p. 24. 元来、修道士は、

修道院内への定住の義務を負わせられているのであるが、そのことについて教皇グレゴリウス一世（在位５９０―６０４）は、例を挙げて次のように教えている。「魚が洋々たる水か新しい水が欠けると、彼らは水気のなくなったまま、乾きのために死んでしまう。ちょうどそれと同じように、修道士についても、修道院の外で生活したいと欲する者は、放浪して死に果てる」と。

（14） E. Power, *op. cit.*, p. 84. 邦訳、一三一頁。

（15） G. W. O. Woodward, *op. cit.*, p. 75.

（16） A. F. Pollard, *Henry VIII*, Longman, London, 1968. p. 270.

（17） たとえば、一五一六年にイーリーEly の司教ウエスト West は、修道院を巡察し、彼の申し立てがなければ存続が不可能なほどの乱脈を発見したこと。一五一八年に、ウースターWorcester のイタリア人司教は、修道院改革の必要性をたびたび深く感じさせられたと、ローマから書簡を送って訴えていること。一五二一年、ちょうど教会改革に熱意を示していたヘンリ八世は、ブロムホール Bromehall 女子修道院で常に行われている「無法」ゆえに、同修道院を解散したソールズベリー Salisbury の司教に感謝していること。のちに枢機卿となった托鉢修道士ピート Peto 自身が、たとえ修道院の財産がどのようなことに利用されようとも、修道院の解散を良心的に是認せざるを得ない状態だったこと。さらに、当のローマ教皇パウル Paul 三世（在位１５３４—１５４９）本人によって開かれた枢機卿の委員会で、一五三七年に、修道院内でスキャンダラスなことがしばしば起こると報告されていること、などである。そしてこのような事例は、他にいくらでもあるという。以上、A. F. Pollard, *op. cit.*, pp. 270-271; Cf. G. R. Elton, *op. cit.*, p. 643.

（18）H. Maynard Smith, *Henry VIII and the Reformation*, Macmillan, London, 1964. p. 75.

（19）A. F. Pollard, *op. cit.*, p.272.
（20）T. M. Parker, *The English Reformation to 1558*, Oxford U. P., 1972. p.78.
（21）当時では相当巨額の一八〇ポンドに達していたとさえ言われる。川本宏夫「ヘンリー八世の修道院解散とその財産処分について」（『関西学院史学』第五号、一九五九年）、一五七頁。
（22）川本宏夫、同論文、一五七頁。
（23）Cf. D. D. Knowles, *op. cit.*, p.470, Appendix II; J. Youings. *op. cit.*, p.27.
ウルジーは、これより早い一五二四年から一五二九年の間に、教皇の教書に基づいて、合計二九の修道院を閉鎖している。これらの財産からの純益は約一、八〇〇ポンドだった（Joyce Youings, *op. cit.*, p.27）が、この最初のころのやり方は、国家のために教会財産を強奪したのではなくて、教区在住の世俗の聖職者＝教区付司祭（教区在住聖職者：(Secular Clergy)から奪って正規の聖職者＝修道院所属聖職者（Regular Clergy）に与えるというやり方だった。この時点で、教会財産の本格的な俗化はまだ始まっていなかったと言える（*Ibid.*, p. 29)。しかしこの六人以下の小修道院の閉鎖に限っては、国家による財源流用が本来の目的だった（*Ibid.*, p. 27)。

（24）小松芳喬『イギリス農業革命の研究』（岩波書店、一九六九年）、二八五頁。

（25）G. W. O. Woodward, *op. cit.*, p. 76.

（26）J. D. Mackie, *The Earlier Tudors 1485–1558*, Oxford, 1966. pp. 370–371.

（27）Joyce Youings, *op. cit.*, p. 33.

（28）A. G. Dickens, *op. cit.*, p. 140.

（29）クロムウェルは、総代理ならびに国王代理に任命されることによって、聖職者会議（Convocation）の議長となったのであり、カンタベリー大主教の上位を占めた。

(30) Joyce Youings, *op. cit.*, p. 29.
(31) A. F. Pollard, *op. cit.*, p. 273.
(32) Roger Bigelow Merriman, *Life and Letters of Thomas Cromwell*, *Vol. 2*, Oxford, 1968. p. 265. ただしこの書簡の日付は、「一五四〇年六月十二日」となっている。ディケンズはこの書簡を、修道院弾圧の直前に、クロムウェルから国王ヘンリ八世宛てに送られたものとみなしているようである（A. G. Dickens, *op. cit.*, p. 140）が、はっきりしたことは分からない。
(33) Joyce Youings, *op. cit.*, pp. 145–147.
(34) 工藤長昭『エドワード四世の王領政策――イギリス絶対王政の先駆け』（星雲社、二〇二三年）の中でいくつも紹介・引用した国王の令状の冒頭に、「イングランドならびにフランスの国王でありアイルランドの領主である」国王とある。

（35） Joyce Youings, *op. cit.*, pp. 33-34.

（36） P. Hughes, *op. cit.*, p. 283.

（37） この年、枢機卿ウルジーの失脚により、その枢機卿としての権益は王室に帰した (Joyce Youings, *op. cit.*, p. 28)。

（38） このときカンペッジョは、依然として「信仰の擁護者」（ヘンリ八世がローマ教皇から以前に贈られた称号）としての態度をとっていたヘンリに対して、ローマ教会による所有権を否認するのは異端であり、また国王は、教会から奪った財産を結局は臣下たちの手に渡さねばならず、その時点で国王は、これらの莫大な財産への課税がはなはだ困難となることに気づくに違いない、と警告している (P. Hughes, *op. cit.*, p. 282, note 1)。

（39） 宗教改革議会は、第一会期が一五二九年十一月三日、第二会期が一五三一年四月十一日、第三会期が一五三二年十月十三日、第四会期が一五三三年一月二十六日、第五会期が一五三四年一月十五日、第六会期が一五三四年十一

月三日、第七会期が一五三六年二月四日にそれぞれ召集されている。最終的に閉会となったのは、一五三六年四月十四日であった。なお、一五三五年には議会は召集されていない（S. E. Lehmberg, *The Reformation Parliament 1529–1536*, Cambridge, 1970. pp. 76, 105, 131, 161, 184, 201, 217, 221）。

本書65－71頁に、一五三四年の第五会期――ヘンリ八世の首長権を認める第一継承法（First Succession Act）が通過した――の貴族院議員出席者とその出席日数を明示した、〔別表〕を掲示し、あわせてコメントを付記したので、参照されたい。

（40）P. Hughes, *op. cit.*, p. 209; Joyce Youings, *op. cit.*, p. 31.

（41）H. Maynard Smith, *op. cit.*, p. 78.

（42）Dietz, *English Government Finance 1485–1558*, Frank Cuss, London, 1964. p. 127.

（43）Joyce Youings, *op. cit.*, pp. 31–32.

（44）P. Hughes, *op. cit.*, p. 282, note 1.
（45）*Ibid.*
（46）*Ibid.*
（47）*Ibid.*
（48）A. G. Dickens, *op. cit.*, p. 139; Joyce Youings, *op. cit.*, p. 33.
（49）Joyce Youings, *op. cit.*, p. 32.
（50）*Ibid.*, p. 34.
（51）*Ibid.*, pp. 34–35.
（52）A. G. Dickens, *op. cit.*, p. 140.
（53）A. F. Pollard, *op. cit.*, p. 274.
（54）本文にも書いたが、修道院の解散を黙認させるためには、これら上流階級や中産階級の俗人たちに厖大な賄賂を国王は贈らなければならなかったと考えられる。まさに宗教改革議会の開会そのときから、展望は彼らの眼前に開けていたわけである（*Ibid.*, p. 273)。

（55） G. R. Elton, *op. cit.*, p. 235.

（56） Joyce Youings, *op. cit.*, pp. 25–26.

（57） P. Hughes, *op. cit.*, p. 294.

〔別表〕一五三四年の第五会期の貴族院議員——出席者と出席日数

○聖職貴族院議員

カンタベリー大主教トマス・クランマーThomas Cranmer……出席日数41

バースおよびウェルズ（Wells）主教ジョン・クラークJohn Clerk……40

ウィンチクーム Winchcombe 大修道院長（Abbot）リチャード・マンズローまたはアンセルメ Richard Munslow or Ancelme……40

ウォルサム Waltham 大修道院長ロバート・フラーRobert Fuller……39

ハイド Hyde 大修道院長ジョン・サルコットまたはカポン John Salcot or Capon

……38

ウェストミンスターWestminster 大修道院長ウィリアム・ボストンまたはベンソンWilliam Boston or Benson……37

カンタベリー聖アウグスティヌス St. Augustine's 大修道院長ジョン・エセックスまたはフォッケJohn Essex or Focke……35

セント・オールバンズSt. Albans大修道院長ロバート・キャットンRobert Catton……35

バトルBattle大修道院長ジョン・ハモンドJohn Hamond……33

ウィンチェスターWinchester主教スティーブン・ガーディナーStephen Gardiner……31

セント・ベネッツ・ハルムSt. Benet's Hulme 大修道院長ウィリアム・レップスまたはラッジWilliam Repps or Rugge……27

ロンドン主教ジョン・ストークスリーJohn Stokesley……26

コルチェスター Colchester 大修道院長トマス・マーシャルまたはベシュ Thomas Marshall or Beche……25

ベリー・セント・エドマンズ Bury St. Edmund's 大修道院長ジョン・メルフォード John Melford……24

リーディング Reading 大修道院長ヒュー・クックまたはファリンドン Hugh Cook or Faringdon……23

シュルーズベリー Shrewsbury 大修道院長トマス・バトラー Thomas Butler……21

サイレンセスター Cirencester 大修道院長ジョン・ブレーク John Blake……15

リンカン Lincoln 主教ジョン・ロングランド John Longland……7

ランダフ Llandaff 主教ジョージ・ド・アセクア George de Athequa……4

バートン Burton 大修道院長ウィリアム・エディス William Edys……4

グラストンベリ Glastonbury 大修道院長リチャード・ホワイティング Richard

Whiting……1

タヴィストック Tavistock 大修道院長ジョン・ペンリン John Penryn……1

その他全員……0

○世俗貴族院議員

アランデル伯爵 Arundel, Earl of……45

オックスフォード伯爵 Oxford……44

ウィルトシャー伯爵 Wiltshire……42

ロッチフォード卿 Rochford, Lord……41

ラティマー卿 Latimer……41

フェラーズ卿 Ferrers……40

前セント・ジョン・オヴ・イェルサレム St. John of Jerusalem, Prior of（ウィリアム・ウェストン卿 Sir William Weston）……39

エクセター侯爵 Exeter, Marquis of………39
バガヴェニー卿 Bergavenny………39
デイカー・オブ・ギスランド卿 Dacre of Gisland………39
リッチモンド公爵 Richmond, Duke of………38
ノーフォーク公爵 Norfolk………38
サセックス伯爵 Sussex………38
タルボット卿 Talbot………38
モーリーMorley 卿………37
ドーベニー卿 Daubeney………37
ウィンザー卿 Windsor………36
ウェストモーランド伯爵 Westmorland………35
モンタギュー卿 Montague………33
ラムリー卿 Lumley………33

ハンティンドン伯爵 Huntingdon……30
カンバーランド伯爵 Cumberland……29
マウントジョイ卿 Mountjoy……29
フィツウォーリン卿 Fitz Warin……28
ラトランド伯爵 Rutland……27
ポーイス卿 Powys……27
バークリー卿 Berkeley……26
マルトレイヴァース卿 Maltravers……26
シュルーズベリー伯爵 Shrewsbury……25
モーダント卿 Mordaunt……25
サフォーク公爵 Suffolk……24
コッバム卿 Cobbam……23
サンズ卿 Sandys……23

ダービー伯爵 Derby……22
コンヤーズ卿 Conyers……19
ヴォー卿 Vaux……18
ノーサンバランド伯爵 Northumberland……16
ウースター伯爵 Worcester……15
グレー・ド・ウィルトン卿 Grey de Wilton……12
ブレイ卿 Bray……12
スクロープ卿 Scrope……10
ザウチ卿 Zouch……7
バラ卿 Burgh……4
モンティーグル卿 Monteagle……2
その他全員……０
出典：Stanford E. Lehmberg, *The Reformation Parliament 1529-1536,*

Cambridge U. P., 1970. pp.257-259.

以上の〔別表〕から読み取れることを簡単にまとめると、次のようになる。

㈠ 一五〇九年、ヘンリ八世の即位時には、聖職貴族（高位聖職者）議員が四八人、世俗貴族議員が三六人であった。本来、聖職貴族が世俗貴族より約一二人ほど多いにもかかわらず、このときの聖職貴族の議会出席者数が、世俗貴族の議会出席者数に比して、少ない。この点に、第一継承法に関する高位聖職者たちの無言の抵抗という心理がおのずから現れているのではないだろうか？

㈡ 聖職貴族の地位・身分の内訳は、「聖職貴族のその他全員」を除いて、大修道院長一六人、主教五人、大主教一人となっている。

㈢ 聖俗両議院とも各議員の出席日数が、聖職貴族は四一〜〇日、世俗貴族は四五〜〇日と、やや差が見られる。四〇日以上の出席者は、世俗貴族が六人に対し、聖職貴族はその半分の三人に過ぎない。この点に聖職貴族たちの消極性がやや感じられる。

㈣

世俗貴族の出席者の地位・身分の内訳は、世俗貴族の「その他全員」を除いて、諸卿が二八人、伯爵が一二人、公爵が三人、侯爵が一人であり、諸卿（Lord: Sir）が最も多いということが分かる。貴族院は、保守的であり、もともと国王の味方と言えるが、国王にとって、みずからの政治的な藩屏となる諸卿が多いことは、確かに心強いことであっただろう。また彼らの多くも、この時期に広がっていた噂を根拠に、教会財産の獲得を密かに期待していた者が少なくなかったのではないかと思われる。

枢機卿トマス・ウルジー
出典：Neville Williams, *The Cardinal & The Secretary*, Weidenfeld and Nicolson, London, 1975.

第２章　一五三五年の修道院の巡察

第１節　修道院数の概略

ヘンリ八世治世（１５０９―１５４７）におけるイングランドとウェールズの修道院総数を明確に把握することはほとんど不可能に近いが、概括的には、托鉢修道会（Friars）とカルトジオ修道会（Carthusians）加入の修道院を除いた修道院総数は約六二〇であった。その内訳は、男子アウグスティヌス修道参事会（Austin Canons）が約一八〇と一番多く、全体のほぼ三〇パーセントを占め、次いで男子ベネディクト修道会（Benedictine Monks）が多く、およそ全体の二四パーセントを占めていたようである。[1] 完全とは言えないが、〔表１―A〕（78－79頁）に各州における修道院会派の内訳を示したので参考にしていただきたい。

四つの托鉢修道会については、十九世紀末の歴史家で枢機卿のガスケ Gasquet によれば、一五三六年の解散時にフランシスコ修道会（Franciscans）六六、ドミニコ修道会（Dominicans）五七、カルメル修道会（Carmelites）五一、アウグスティヌス修道会（Austin Friars）四七の合計二二一が存在した。[2] この他に、カルトジオ修道会が九つあった。[3] これらすべての合計は約八五〇となる。

托鉢修道会とカルトジオ修道会所属の修道院を除外した合計約六二〇の修道院をさらに分かりやすく、大修道院（Abbeys）、司教座聖堂付属修道院（Cathedral Priories）、小修道院（Priories）、女子修道院（Nunneries）および僧庵（Cells）に区分すると、おのおの上から順に約一八〇、一〇、一九〇、一五〇、八五となる（〔表1―B〕80‐81頁参照）。しかし、この分け方にしても、遺憾ながら、明確な規定はなく、殊に僧庵に関しては、ガスケも指摘するように――「僧庵」とは何か？　どの建物が「僧庵」でどの建物が「僧庵」でないか。[4] この質問に正確に答える準備ができている人が多くいるかどうか疑わしい（It may be doubted if there are many who are prepared to answer with any precision the question: What is a `cell?' and what makes this house a `cell' and that one not?)――、その規定は難しいと言わなければならない。

いずれにせよ、一五三六年の解散に至るまでの間に弾圧ないし死滅した修道院もあったわけで、修道院数には動きがあり、はっきりとその数を確定することは困難である。ちなみに歴史家パーマーPalmerによれば、一五三〇年においては、イングランド全域に八二五の宗教的建造物があったとされ、そのうち、五〇二が修道院（Monasteries）、一三六が女子修道院、一八七が托鉢修道士の修道院だった。[5]さらに、修院（Colleges）、救貧所[6]（Hospitals）、祈願所[7]（Chantries）、礼拝堂（Chapels）等も含めれば、かなり厖大な数にのぼったことは間違いない。

ヘンリ八世による一五三六年の「小」修道院解散は、イングランド宗教改革政策の一環として行われた事業であったが、解散となった究極的な原因は、すでに第1章で見たように、国王の財政窮乏にその発端があった。[8]けれども、いかに

〔表1—A〕各州における修道院会派の内訳

州	州合計	会派内訳												
		A	A(n)	A(Sep)	B	B(n)	Bridg	C	C(n)	CL	CL(n)	G	P	P(n)
ノーサンバランド	14	4			4	3		1					2	
ダラム	5				4	1								
カンバーランド	8	2			2	2		2						
ウェストモーランド	1												1	
ヨーク	63	14			8	12		8	10	2	1	5	3	
ノッティンガムシャー	12	5			1	1		1		1		1	1	1
ダービー	8	4			1	1							2	
ランカスター	11	3			3			2		1			2	
チェシャー	7	1			2	1		3						
リンカン	50	11			9	3		5	6			10	5	1
ラトランド	1	1												
ノーフォーク	39	15	1	1	11	3			1	3	1	1	3	
サフォーク	24	9	2		7(?)	2		1		2			1	
ケンブリッジ	11	2			3	3						3		
ハンティンドン	7	2(?)			3	1		1						
レスター	11	7	1			1		1					1	
ノーサンプトン	15	4	1		2	2		1	1	2			1	
ウォリック	17	4		1	3	4		4	1					
オックスフォード	19	6	1		4	3		4				1		
バッキンガムシャー	13	4	1		3	3		1					1	
ベッドフォード	10	4	1			2		2				1		
ハートフォードシャー	10	2			3	4						1		
ウースターシャー	10				5	1			2				2	
グロスタシャー	13	4			6	1		2						
スタッフォード	16	6			4	2		3		1				
バークシャー	7	2			4	1								
ウィルトシャー	14	4	1		1	3		2		1		2		
サマセット	16	6	1		5	2		1		1				
デヴォンシャー	20	4	2		5	1		5		2			1	
コーンウォール	6	4			1					1				
ドーセット	10				6	1		1	1	1				
ハンプシャー	15	5			2	3		3	1				1	
サリー	8	5			2			1						
サセックス	14	6			2	2		1		1			2	
ケント	21	6			6	5		1		1			2	
エセックス	26	11			5	3		3		3			1	
ミドルセックス	10	2			1	5	1	1						

州	州合計	会派内訳												
		A	A(n)	A(Sep)	B	B(n)	Bridg	C	C(n)	CL	CL(n)	G	P	P(n)
サロップ	10	4			3			1	1	1				
ヘレフォード	9	3	2		2			1		1				
モンマス	10	1			4(?)	1		3		1				
フリント	1							1						
デンビー	2							2						
カーマーゼン	4	1			1			1					1	
アングルシー	1				1(?)									
メリオネス	1							1						
モン（ト）ゴメリー	2							1	1					
ラドナー	1							1						
カーディガン	3				1			1	1					
ブレコン	1				1									
カーナーヴォン	2	1			1									
グラモーガン	3				1			2						
ペンブローク	5	1			4									
総　計	617	180	14	2	147	83	1	76	26	26	2	25	33	2
%	100%	29.2%	2.3%	0.3%	23.8%	13.5%	0.2%	12.3%	4.2%	4.2%	0.3%	4.1%	5.3%	0.3%

A　アウグスティヌス（オースティン）修道参事会（Austin canons）
A(n)　アウグスティヌス（オースティン）女子修道参事会（Austin nuns）
A(Sep)　アウグスティヌス（オースティン）聖墳墓教会（ Austin canons of the Holy Sepulchre）
B　ベネディクト修道会（Benedictine monks）
B(n)　ベネディクト女子修道会（Benedictine nuns）
Bridg　ブリジッティンズ修道会（Bridgettines）
C　シトー派修道会（Cistercian monks）
C(n)　シトー派女子修道会（Cistercian nuns）
CL　クリュニー派修道会（Cluniac monks）
CL(n)　クリュニー派女子修道会（Cluniac nuns）
G　ギルバート会（Gilbertines ：聖アウグスティヌス会則の男子修道参事会と聖ベネディクト会則の修道女）
P　プレモントレ修道参事会（Premonstratensian canons）
P(n)　プレモントレ女子修道会（Premonstratensian nuns）

〔表１—B〕各州における修道院数の類別内訳

州	州合計	類別内訳				
		大修道院 Abbeys	大聖堂修道院 Cath.Pr.	小修道院 Priories	女子修道院 Nunneries	僧庵 Cells
ノーサンバランド	14	3		2	3	6
ダラム	5		1		1	3
カンバーランド	8	2	1	1	2	2
ウェストモーランド	1	1				
ヨーク	63	15		15	28	5
ノッティンガムシャー	12	2		7	3	
ダービー	8	3		3	1	1
ランカスター	11	3		4		4
チェシャー	7	3		2	1	1
リンカン	50	17		7	20	6
ラトランド	1			1		
ノーフォーク	39	5	1	18	6	9
サフォーク	24	3		13	4	4
ケンブリッジ	11	1	1	2	6	1
ハンティンドン	7	2		3	1	1
レスター	11	5		3	2	1
ノーサンプトン	15	3		6	5	1
ウォリック	17	5	1	4	5	2
オックスフォード	19	6		5	4	4
バッキンガムシャー	13	5		3	4	1
ベッドフォード	10	2		4	4	
ハートフォードシャー	10	1		2	5	2
ウースターシャー	10	3	1	1	3	2
グロスタシャー	13	7		2	1	3
スタッフォード	16	5		8	2	1
バークシャー	7	2		2	1	2
ウィルトシャー	14	3		5	6	
サマセット	16	6	1	5	3	1
デヴォンシャー	20	8		5	3	4
コーンウォール	6			4		2
ドーセット	10	6			2	2
ハンプシャー	15	5	1	5	4	
サリー	8	3		5		
サセックス	14	4		8	2	
ケント	21	6	2	7	5	1
エセックス	26	8		13	3	2
ミドルセックス	10	2		2	6	
サロップ	10	4		3	1	2
ヘレフォード	9	2		3	2	2
モンマス	10	3		5	1	1
フリント	1	1				

州	州合計	類別内訳				
		大修道院 Abbeys	大聖堂修道院 Cath.Pr.	小修道院 Priories	女子修道院 Nunneries	僧庵 Cells
デンビー	2	2				
カーマーゼン	4	2		1		1
アングルシー	1			1		
メリオネス	1	1				
モン（ト）ゴメリー	2	1			1	
ラドナー	1	1				
カーディガン	3	1			1	1
ブレコン	1					1
カーナーヴォン	2	1		1		
グラモーガン	3	2				1
ペンブローク	5	1		2		2
総　計	617	177	10	193	152	85
%	100%	28.7%	1.6%	31.3%	24.6%	13.8%

〔表Ⅰ－A〕および〔表Ⅰ－B〕の出典は次の通り。

○Francis Aidan Gasquet, *Henry VIII. and the English Monasteries: An Attempt to illustrate the History of Their Suppression, Vol. II*, London, 1889. pp.542-564, および同書巻末の地図4葉。

○F. A. Gasquet, *English Monastic Life*, New York, 1971. pp.251-318.

〔表2〕年純収入別修道院の分類

年純収入（£）	修道院数
２０以下	53
２０－１００	188
１００－３００	199
３００－１，０００	89
１，０００以上	24

出典：富岡次郎『イギリス農民一揆の研究』（創文社、1965年）233―234頁。

世俗国家の新理論から成るイングランドとはいえ、以上の八五〇余りの修道院に対し、弾圧を目的に、「議会で制定した法令を内政において実施に移すということはまったく不可能[9]」な社会的趨勢にあったのである。そこで、本章においては、大事業を敢えて完遂せしめるに至る経過に主に視点を当てて論じてみたい。

第2節　値踏み調査委員

当時、約八五〇を数える修道院は、イングランド全土の土地財産のおよそ五分の一から四分の一を有していたと言われる。このような修道院に対する王立調査《コミッシ》委員《ョナー》（Royal Commissioners）による修道院の全般的巡察（視察）は、ヘンリ八[10]世の新しくて有効な至上権に基づき（26 Henry VIII, c.1）、王国全土を通じて、次のように前後四回行われた。

第一回　一五三四年秋—三五年。第一継承法[11]（First Succession Act）および反教皇連累の宣誓を目的とする[12]。

第二回　一五三五年三月—七月[13]。「教会財産査定録」（*Valor Ecclesiasticus*）の編纂[14]、十分の一税の基礎の準備[15]。

第三回　一五三五年七月—三六年二月。頽廃したモラルを是正し改革するための全修道院およびその他の宗教的建造物の調査とその報告書の作成[16]。

第四回　一五三六年四月—三七年。「小」修道院の調査と解散の任務を負わされた王立調査委員《コミッショナー》の派遣[17]。

王立調査委員による第二回巡察は、組織的には第一回巡察との相違は認められない[18]。しかしその目的とするところは、第一回巡察とは異なり、第二回目以降の巡察は、具体的に大聖堂（Cathedrals）、共住聖職者団聖堂（Collegiate Churches）、教区教会（Parish Churches）、修道院、修道会（Convents）、救貧所等のあらゆる宗教的建造物の内部に立ち入って綿密に調査を進めるという方法が採られたようである[19]。

一五三五年春、いわゆる値踏み調査委員（Valuation Commissioners）は、教会の富を調査すべく王国全土に派遣され[20]、その全般的な財産調査結果は、「教会財産査定録」としてまとめられたが[21]、富の総計は歴史家エルトン G. R. Elton によれば、「驚くべき正確さで記録された[22]」のであった。

この調査に基づく「教会財産査定録」によれば、全宗教団体の年収の総計は、三二〇、二八〇ポンドだった。これらの修道院をその年純収入別に分類すると、〔表2〕（81頁）のようになる。富岡氏によれば、「この表によれば年純収入三〇〇ポンド以上をもつ大修道院が一一三もありそれは総数の約二〇パーセントをしめていた。イギリスで最も富裕な修道院は年収三、九七七ポンドをもつ St. Peter's（Westminster）であり、第二位は年収三、五〇八ポンドをもつ Glastonbury であり、第三位は年収二、五一〇ポンドをもつ St. Alban's であった。そのほかに、一六人の司教冠をかぶった大修道院長が一、〇〇〇ポンドをこえる年収入をもっていた」（『イギリス農民一揆の研究』二三二―二三三頁）のである。

それでは、調査委員は、具体的にいかように教会および修道院財源の値踏みを試みたのであろうか。歴史家ヒューズ P. Hughes によれば、「よくアレンジされた計画に基づいて一切は実行され、かつ秩序正しい形で記録された」[23]という。歴史家ヤングス Youings は「教会財産査定録」からこれに関するノーフォークのウォルシンガム小修道院 Walsingham pr.（Austin Canon）[24]の史料[25]を掲げているが、それによれば大体次のような査定が行われたのである。

㈠ 職務収入（Spiritualities）――教会および修道院をはじめ、それらに付随する建物の全人口の年収に諸種の十分の一税および信仰厚い人々からの献金（Offerings）などの合計。

㈡ 教会付属の不動産収入（Temporalities）――主に各所に所有する荘園からあがる年収＝地代（Rents）、上納金（Farms）、荘園の水車場に属する農場からあがる年収および森林の売却による年平均収入。さらに荘園領主の裁判所からあがる年間の平均利益。また不動産（Landed Property）の他に、漁場（Fisheries）や鉱山（Mines）収入、市町内に所有する建物の家賃収入（Urban Rents）なども含めた収入合計。

以上の㈠と㈡の収入を合計した見積り総額より制定法に従って以下に列挙するものの総計金額が控除された。すなわち、教会会議（Sinodals）への支払いおよび巡錫費（Procurations）・年金（Annual Pensions）に貧民救済のための義捐金（Alms）としての支払いや俸給（Stipends）その他の合計。加えて、スチュワード（執事 Stewards）・会計監査官（Auditors）・ベイリフ（代官 Bailiffs）等へ付与される報酬の合計で、(26) これらを差し引いた残額が当該修道院の年価値・純収入として明確に表記された。そして、以上の残額より十分の一税が割り出されたのである。

つまり、第二回巡察は、ローマ教皇に代わる国王ヘンリの新たな教会収入、すなわち、すべての寺禄収入——聖職のと修道院のと——に関する年毎の十分の一税および初収入税（First-fruits）賦課(27)の基礎を準備するという目下の目的のもとに実行されたのであった。(28)その結果、「教会がどれほど所有しているか直《じか》に王は鐚《びた》一文まで正確に知った」(29)のであり、同時にまた教会財産という莫大な富は、「（修道院）解散への必要な刺激をも供給した」(30)のである。

第３節　一五三五年の具体的指令

一五三五年七月、値踏み調査委員に追随して、修道院のモラルの状態を調査する巡察使（視察使：Visitors）が派遣された。巡察使たちには国王の総代理（Vicar-General）トマス・クロムウェル（１４８５?——１５４０）によって作成されたと言われる≪八六箇条の調査命令書≫(31)（86 Articles of Enquiry）と≪二五指令≫（25 Injunctions）とが託されていた。≪八六箇条の調査命令書≫については、うち七四箇条が修道士へ、残り一二箇条が修道女へ向けられた尋問であったが、[32] それらの箇条内容[33]を略述すると、ほぼ次のようになる。

一　修道者の人数は何人か。

一　修道院の歳入・財産・地券（Title Deeds）はどれほどか。

一　宗規は守られているか。

一　修練士（Novices）は宗規を覚えているか。いかほど教育されているか。入会に要求される金銭はいくらか。

一　宗教的諸義務の遵守。たとえば宿坊（共同寝室：Common Dormitory）の使用、共同食堂（Common Refectory）の使用、職務上の服装（Costume）もしくは修道会服（Habit）着用は遵守されているか。

一　断食（Fasts）・沈黙の各苦行にエンクロージャー（囲い込み）の掟[34]は遵守されているか。

一　誰か宗教生活を放棄している者が共同体内にいないか。
一　修道院長（Superior）はどのようにして選出されるか。
一　修道院長の異性との関係は戒められているか。
一　修道院長は共同体内で人望家か。
一　修道院長は修道院歳入の費用で縁者にえこひいきしないか。また、生活予算を詐取しないか。
一　修道院長は共同体について申し述べるか。また、財産をよく管理するか。
一　財産目録（Inventory）があるか。
一　修道会印（Convent Seal）が濫用されていないか。
一　病気の修道者は厚遇されているか。すなわち、歓待（Hospitality）という宗務が実行されているか。
一　下級の役員は有能でかつ貞節であるか。
一　古文書（Archives）はよく保存されているか。

一　修道女たちは心から自由に立願（Professions）したのか。聖歌隊（Choir）に居ないとき、どのように時間を過ごすか。司祭や俗人との関係は戒められているか。いかにしばしば懺悔をしに行き、また聖餐式（Holy Communion）を受けるか。

巡察使たちはまた、おのおの調査を済ませたあとで、≪二五指令≫＝「すべての修道院……に国王陛下の利益のために与えられる一般指令」を修道院側に提出したが、(35)同指令はその内容上はなはだしく遵守困難な要素を多分に孕んでいた。したがって、指令の全文試訳(36)をここで明らかにし、≪八六箇条の調査命令書≫とともにそれがどのように修道院の解散に作用したのかを次に考察したいと思う。

1　≪二五指令≫

すべての修道院……に国王陛下の利益のために与えられる一般指令（GENERAL

INJUNCTIONS）

〔一〕視察される所の大修道院長（Abbot）、小修道院長（Prior）あるいは院長（President）、およびその他の兄弟たち（Brethren）全員は、彼らの間に〔本〕内容が存在する限り、そのことごとくを、彼らによって先になされた国王殿下（King's highness）の王位継承の宣誓におけると同じく、修道院公印で最近捺印され、自身の手で署名された一定の立願においてと同様に、忠実に、誠実に、心から守り遵守し、かつ他の者たちにも守られ遵守されるように取り計らい、教え来たらすものとする。

〔二〕さらに、ローマ司教（Bishop of Rome）により強奪された王国内の偽りの教会管轄権を根絶して除去するために、この者らはできる限り、この王国の法令を制定するか、もしくは制定されんことを是非とも遵守し、履行するものとする(37)……

〔三〕さらに、大修道院長、小修道院長、あるいは院長および兄弟たちは、件《くだん》のローマ司教に対してか、もしくはローマ司教の代理にある者ないしその権限を占有する何びとかに対して、または何びとか他の外国の有力者ないし主要人物に対して、以前偶然に約束するか締結するかした、あらゆる種類〔の〕服従・宣誓・立願から免除され、解放されるべく、国王の教会至上権力および権威によって宣言される。……

〔四〕さらに、当修道院の修道士もしくは平修道士（Brother）は、いかなる手段によってであろうとも、同修道院の境内（precincts）から出てはならない。

〔五〕さらに、女性は、いかなる身分もしくは階級の者であろうとも、国王殿下か殿下の巡察使のライセンスを第一に取得しない限り、当修道院またはその屋敷の境界ないし周囲への立ち入りから完全に拒絶される。

〔六〕さらに、当修道院に入るには、ただ一つ、同修道院の正門からのそれ以外にない(38)……

〔七〕さらに、当修道院の全員、個々の兄弟および修道士は、肉を食する日に「慈悲」（`Misericorde´）と称される一堂に会して、他のすべての日には食堂（Refectory）において、一斉に食事を摂る。彼らが常にしていたような或る平常のまたは通常の義務、あるいは肉の分配に要する義務を負わないとき、食卓ごとに四人ずつ座り、据えられた食べ物に満足し、神に十分感謝し、過食にならないように、素面で食事を摂る。しかしてそのような食事ごとに、件《くだん》の幾人かの兄弟たちによって、新約か旧約聖書の何章かが、他の者たちに対して朗読され朗唱される。〔人々は〕沈黙を保ち、傾聴する。

〔八〕さらに、大修道院長および院長は、自身と、往訪している自身の賓客のために、贅沢かつ美味でしかもこれまで食したこともないような料理ばかりではなく、ありのままの普通の食事を給した食卓一つを日々準備する。その食卓に、件の大修道院長か大修道院長に代わる何びとか年長者が着き、客人〔や〕賓客を迎え親切に供応するものとする。

〔九〕さらに、兄弟のうち誰であろうとも、自己の食事の幾分かあるいはその残りを何びとかの人物に与えないで、修道院の召使いたちが各自の適当な食事を済ませた後に、修道院の全員（Convent）および客人の双方の食卓の残り物を片付ける施物分配係（Almoner）が一人選ばれ、（その者が）貧民に件の残り物を分与すべきである。貧民のうち、たとえ他の貧民同様に強健であろうと虚弱であろうと、彼らに先んじて、件の兄弟のうちの何びとかと親族であるような者に、特別な配慮が払われる。またみずからの手で生計を立てるべくその意志と労働のすべてでもって努力はしているが、世話のかかる家族やたくさんの子供たち（《ママ》それでも子供たちは大事にされないと、労働をやめて怠惰に陥るだろう）《ママ》のために十分に自活できない者、また手足や身体が弱く虚弱であるために働くことができない者にも特別に配慮される。だが修道院の周りに足しげく通うことを常とする、勇壮で頑健で怠惰な乞食や浮浪者には、かかる施物（Alms）は断じて与えてはならない。このことについて制定された国王の恩恵法（King's grace's statute）の法文[39]、それへの大いなる障害や公益のダメージとならないように、大切にされ保持される［べき］法文に反して、怠惰で淫猥な状態でいるよりも、恰も獣や隠れ忍んでいる者が追い払われるがごとくに、労働が強制されるものとする。

〔一〇〕さらに、当然与えられるべきか、もしくは慣例となっているその他のすべての施物または分配物は、当修道院の財団法（Foundation Statues）または慣行という理由により、これまで通り変わることなく、惜しみなく、気前よく与えられること[40]。

〔一一〕さらに、大修道院長、小修道院長、あるいは院長は、万聖節の宵祭（Allhallows' Eve）より受苦日（Good Friday）までの間、食堂で火を燃やすための十分な薪や燃料を調達すべきである。

〔一二〕さらに、当修道院のすべての兄弟は、大修道院長と病気か疾病の者、また聖年（Jubilee）を満たした者を除き、宿坊（Dormitory）の各自専用のベッドにて、一斉に就寝する。

〔一三〕さらに、当修道院の平修道士または修道士は、ミサへの出席を手助けする以外には、いかなる子供[41]ないし少年をも宿泊させたり、内密に同伴させたりしてはならないし、その反対に、少年のところに行きつけてもならない。

〔一四〕さらに、当修道院の兄弟は、病気か疾病の際は、その食事や飲み物はもちろんのこと、十分な保護に関しても、付属診療所（Infirmary）にて相応に診察され、看護される。

〔一五〕さらに、大修道院長ないし院長は、当該修道院の能力と資産に応じて、兄弟のうちの一人か二人をどこかの大学に入れて面倒を見（keep and find)、彼らが立派で神聖な学問に通じたのちに、修道院に戻って、兄弟たちに教授・教示し、かつ勤勉に神の御言葉（The word of God）を説教してよい。

〔一六〕さらに、当修道会（Convent）では、毎日一時間、聖書（Holy Scripture）（講読）のレッスンが行われる(42)……

〔一七〕さらに、当修道院の兄弟は、礼拝式（Divine Service）が執り行われたあと、聖書を幾分読むか拝聴する。さもなければ、何か誠実で称賛に値する運動に従事する。

〔一八〕さらに、当修道院の兄弟ことごとくは、当宗教の会則・規則および賞賛に値する慣行を、聖書と神の御言葉に合致するかぎり、遵守すべきである。しかして当修道院の大修道院長、小修道院長または院長……は、みずからの儀式および他の宗教的諸行事（Observances）が、真のキリスト教信仰への、あるいは教会内での秩序を遵守することへの、入門書ないし原則であり、確かな手引きにほかならないということを〔兄弟たちに教えるべきである」。祭服の刺繍、歩き方、剃髪、さらにそのような他の徴表《マーク》を含まず、沈黙（Silence）、断食（Fasting）、夜中の起床、唱歌（Singing）およびその他のそのような儀式の類も含まない。しかし心の清らかさ、生活の清純、偽りのないキリスト信仰、兄弟愛……はこの限りでない。

〔一九〕さらに、当地の大修道院長および院長は、毎年、みずからの兄弟の管理に関する真実かつ完全な計算書（Reckoning）および会計録(43)（Account）を、自己の収入と同様に〔その〕支出についても、作成するものとし、件の会計録は修道会に備え付けられている台帳に記載される。

〔二〇〕さらに、当修道院の大修道院長および院長は、当修道院に属する森林を荒廃させてはならず、同時に、修道会の大方の同意なしに、いかなる農地あるいは復帰財産(44)（Reversions）をも無分別に区画してはならない。

〔二一〕さらに、一冊の帳簿と登録簿（Register）が割り当てられ、〔そこに〕

当修道院の公印（Convent Seal）のもとに認められるようなすべての文書を、一語一句余すところなく、件の帳簿に写し〔取〕る〔べきである〕。

〔一二二〕さらに、当修道院においては、満二四歳[45]〔前〕の者を、誓願を立てさせたり修道服を着用させたりすることに対し、だれ一人容赦されるべきではなく、宗教を信仰させるために、何びとをも説得や甘言でそそのかし、誘惑してはならない。

〔一二三〕さらに、利益増大の目的で、いかなる聖遺物（Relics）もあるいは虚偽の奇跡をも示すことをやめるものとし、その代わり巡礼者や新来者が、聖像や聖遺物に捧げようと考えたものを貧民に提供するように彼らに勧告する（ものとする）。

〔一二四〕さらに、当修道院の域内で開かれ利用されるいかなる市《いち》（Fairs）またはマーケットをも認めないものとする。

〔二五〕さらに、当修道院の聖職者（Priest）である平修道士のおのおのは、日々のミサに際し、われらの君主である国王と、その最も気高く適法な妻アン王妃の、最高の幸福と最高の繁栄を祈るものとする。

〔二六〕さらに、万一、当修道院のマスターか平修道士のいずれかが、件の諸指令（Injunctions）にいささかなりとも違反するならば、その何びとたりともこれを告発するものとする。すなわち、国王陛下（King's Majesty）か陛下の総巡察官（Visitor-General）もしくはその代理人（Deputy）に可能な限り速やかに告発されるようにする。大修道院長またはマスターは、かく告発する者に小遣銭に加え道中必要な必需品を与えるものとする。

〔二七〕以上の他に、聖なる諸指令が、巡察使によって追加される。（すなわち）Comperts〔調査結果書〕（Findings）の地域と特性（place and nature）が必要とするに応じて、よく考慮のうえ、更なる指令を付加する権限、

Comperts を審査して討議する権限、何か際立った罪を犯した罪人を処罰して改心させる権限、件の諸修道院の基本財産（Foundations）・権利譲渡証書（Charters）・寄進（Donations）・帰属聖職禄（Appropriations）および不動産権利証書（Muniments）を調査し捜査する権限、および件の国王殿下の総巡察官で正当かつ名誉あるトマス・クロムウェル閣下―—その聡明さと思慮深さにすこぶる似つかわしいと思われる——に当所で発見されるような然るべきローマ教の文書（Papistical Escripts）全部を処分するといった（さまざまな）権限を留保する。

２　≪二五指令≫に関する分析

以上の≪二五指令≫は、全部で〔二七〕まであるが、内容を見ていただければ分かるように、〔二六〕と〔二七〕は、厳密にいえば、≪二五指令≫に入らないと言えるだろう。あくまでも、≪二五指令≫の補足事項と解釈すべきである。

〔二六〕は、《二五指令》の違反者を、国王または総巡察官かその代理人に速やかに告発するように促している。〔二七〕では、修道院の立地条件の違い等により、必要な新たな指令を追加する権限が巡察使に与えられた。そのほかさまざまな追加の権限が巡察使に与えられたが、これらの権限の中で特に重要な権限で注目すべき権限は、すべての「ローマ教の文書」の処分を命じた権限であろう。ヘンリ八世は、一五三四年にローマ＝カトリック教会から独立し、イギリス国教会（アングリカン・チャーチ）を創始してその首長となったわけであるが、そのローマ教会との絶縁が確かに修道院にも及んだことがここに明確に示されている。

修道院は、元来、ローマ＝カトリック教会の傘下に置かれており、基本的には、ルター派を除いてプロテスタント（新教）傘下にはない組織である。この時点でイギリス国教会は、その内容がほとんどカトリックそのままと言ってよく、明確にプロテスタントと言える宗教ではむしろなかった。

《二五指令》は、国王陛下に代わってあらゆる類の修道院および宗教的建造物

――それがいかなる修道会ないし宗派に属そうとも――に与えられた最初の成果だった。(46) 一読して指令の内容、なかんずく直接修道士やその他の聖職者に課された規定は、中世以来の司教による巡察(47)に匹敵され得ないものは「ほとんどまたはまったくない」(48)と言える。宿坊（Dormitory）の使用（指令〔一二〕、食堂について、それも食事時間に聖書の講読が伴うこと（指令〔七〕、毎年会計録を呈示すること（指令〔一九〕、エンクロージャー（囲い込み）の規則を遵守する必要性に関して等々、(49) これらは「僅かな相違と僅かな斬新さが付加」されているだけで、(50) 違いはほとんど認められない。

問題は新興宗教としての理論面についてであるが、そこには「確かに新理論は認められる」(51)。すなわち、「真の宗教は、祭服の刺繍云々」（指令〔一八〕）とあるこれらの語句すべては、古い昔に修道士が仲間に向けて書いたあらゆる論説中に見出されるごく「平凡な文句」であり、「見慣れている因襲的なありきたりの文句」(52)だった。これは、理論上における宗教活動が、かく古い文献より引用されるのが常識であったから、単にそれに倣ったものと思われる。[53]けれども問題は、指令〔一八〕の中で否定され禁止されている「祭服の刺繍」云々こそはむしろカトリック伝統のものであって、内面的・精神的ないわば「心の清らかさ、生活の清純」云々といったプロテスタント本来のものは、十六世紀のイングランドにあっては、もはやとうの昔に忘れ去られたものとなっていたということである。[54]いやしくも社会的に現実に前者が否定されて、後者が肯定され主張されれば（もうされているのではあるが）、すでに内面的なものの遵守など数代にわたって廃れてしまっていたとき、[55]修道者たちにとって、内面的・精神的なより一層深い考察へと容易に自己の心を切り替えることが、実際に可能であったか。それも文字通り指令に従わなかった場合、指令〔二六〕によれば、即座に告発されるのであるから、そこに待ち受けているものは、「修道者たちの失敗の危険」以外には到底考えられないのである。すなわち、「宗教者が警告されるのは、『彼らがそのようなこと――より高次なこと――を乗り越えたとき』、彼らのやることがなくなるという危険性であり、『そのような外部の事柄から、より内向きで深い考察へ』彼らの心の（切り替えという＝工藤註）修道会に対する失敗の危険性である」[56]（What the religious are warned about is the danger of their not proceeding――'when they have overpast such things'――'to higher things', and of their failing to convent their minds 'from such external matters, to more inward and deeper considerations'.)。

とりわけ指令〔四〕〔五〕〔六〕は、過酷なまでに窮屈な指令であった。修道院の境内から出てはならないという指令〔四〕は、中世ベネディクト会の会則第五八章「定住の誓願」(Stabilitas) に見られるように、相当厳格な戒律であったことは言うまでもない[57]。歴史家スミス Smith は言う。「今後ジェントルマンは、修道院境内に幽閉されるべきであるということが布告されたとき、われわれは呑気なジェントルマン――その多くはフィールド・スポーツに耽っていた――が胆を潰すほど驚くのが想像できる[58]」と。田舎のジェントリ（郷紳）は、修道院解散の数年前から、聖職禄所有者として暮らすために自己の「資格」を得ていた当の修道士に恩を受けて、不承認理事（Unacknowledged Trustees）(59)として修道院の聖職推挙権（Advowson）を与えられてさえおり、修道院とは種々の面で密接な関係を有していたのである。

さらに、ブリストル Bristol の聖アウグスティヌス大修道院（St. Augustine's Abbey: Austin Canon）(60)の院長はさっそく抗議を行い、一五三五年秋、クロムウエル宛の書簡の中で次のように申し入れを行った。

それゆえ私は、わが修道院の益のためにおりおり便利で、修道院領内で秩序・慣習・作法がよく保たれているか見に行ったり、馬で出かける許可および自由を、私と会計係（Officer Chamberlain）とにお許しくださいますよう貴下の立派なマスターシップに心から望みます。第二に、費用の節約と身体の心持ち良い健康とを期するためにブリストルに近い荘園に歩いて行く許可と自由とをお与えくださいますよう心から祈ります。第三に、修道院境内に隣接するグリーン・アンド・キャノンズ・マーシュ Green and Canons Marsh 内を歩く許可を懇願致します。なおその上、私と兄弟とは、三〜四人一緒に（町を慎みます）、年少者は年長者とともに精神を休養させ気分をリラックスさせるために、丘や野畑をときおり散歩する許可を兄弟に授ける権限を私に賜りますよう貴下の立派なマスターシップに直ちに祈り、希望し、懇願致します。（中略）さらに私共は、万一、長い慣例からしてありましたように、何か病気か伝染病の苦悩に見舞われた際に、私共を介護してくださる誰か貧しくて正直な婦人が持てないでしょうか。[61]（下略）

抗議を兼ねたかかる申し入れは、指令布告とほぼ同時に、王国全土とウェールズの頓挫を余儀なくされた宗教的建造物の支配人《ヘッド》たちから無数に寄せられたと推察される。事実、歴史家ヤングスは、「抗議の俄雨」をもたらしたと記している。[62]

修道院は、直営地（Demesnes）をはじめ多くの動産・不動産を各所に所有していたことは周知の事実であるが、前掲の書簡からも窺われるように、一面、直接的管理が必要とされたのである。また年価値・純収入一〇〇ポンド前後の小修道院でさえ、全聖職者数一〇人未満に対して、確証はないが、召使いの人数は大体その二、三倍はいたであろう。その中に女性の召使いあるいは給仕が概ね数名は含まれていたと想像され、(63)院内では女性の手を必要としたのであり、右に掲げた書簡はそのことを証明するものでもある。

さらに、修道院自体が俗人の「出入り場所」（The repair and resort）以外の何物でもなく、「長期間滞在」（Sojourn）も極めて一般的なご時勢であった。(64)とりわけ子供は修道院の内壁で育てられ教育されたのであるが、当時、役員や召使いを含む、せいぜい三五万人にのぼる俗人が院内で食を繋いでいたとさえ言われる。(65)かように世俗化したところにこそむしろその機能を発揮していた修道院に対し、女性の院内立入りを厳禁し（指令〔五〕）、俗人の出入りを極度に制限した

（指令〔六〕）≪二五指令≫は、社会の実情をほとんど無視したものであり、総じて苛酷というよりほかはない。

要するに、≪二五指令≫の文字通りの遵守は、当初から不可能なことが分かっていて課されたと結論づけられよう。そして、「すべての修道士は宗規に文字通り厳しく拘束されなければならない」と定め、「指令にいささかなりとも違反するならば、その何びとたりともこれを告発するものとする」（補足指令〔二八〕）と規定することによって、それ、つまり「失敗の危険」を益々強めるように予め画策されたものと考えられる。歴史家ディケンズ Dickens は言う。「これら二つの記録——≪八六箇条の調査命令書≫と≪二五指令≫をさす＝工藤註——は、修道院生活を耐えられないものとするという記録であり、忠誠および規律の不可能な基準を要求することによって全組織を破壊するという記録であり、共通の計画を有するものとして公然と非難された」と。また、指令の起草者クロムウェル自身がいみじくもこう言っている。「時間がたつにつれて宗教の主要な終止点に到達するだろう」[68]と。

結局、当局の思惑通り、≪二五指令≫の中に網羅された宗規は実施され得なかったけれども、これらの宗規に対する聖職者たちの違反は、予期された修道院弾圧への根拠《グラウンド》を準備したのであった[69]。

第4節　続・一五三五年の具体的指令

すでに見たように、≪八六箇条の調査命令書≫[70]および≪二五指令≫は、修道院生活を堪えられないものとし、修道院弾圧への場を準備するために予め画策されたものと考えられる。そのことについては、歴史家ガスケの説とほとんど異ならないものであるということが確認されるのであるが[71]、しかしこの二つの史料に関してはさまざまなセンスで解釈されているゆえに、もう少し慎重にさらにつっこんだ分析が必要であろう。われわれは、さらに綿密に、なるべく各条項に当たって再度検討を加え、再吟味してみたいと思う。そこで、以下、主に歴史家ノウルズの説の概略を紹介し[(72)]、第３節の補足としたい。

１　≪八六箇条の調査命令書≫

ノウルズによれば、訊問事項が女子だけに適用できる部分と、修道士と同様に聖堂参事会員（Regular Canons）にも同じく容易に適用できる用語を用いているという、いわば「乗合馬車《オムニバス》」であるという点を除いては、数世紀以来、教区長（Ordinaries）たちによって用いられてきたものとまずほとんど異ならない訊問書であるという。と言うのは、院長および院長の管理を扱っている多くの部分を含んでおり、宗教生活の諸義務全般に及んでいて、そこには性的落ち度に関する何らの強調もなく、実際に雇用された王立調査委員《コミッショナー》らのやり方を激励した形跡もまたないのである。それは、一主教の手中にあった文書と同一の効果のあるものであるということが立証されるという[(73)]。

2　≪二五指令≫（続）

≪二五指令≫が通俗的ないわば「ニュー・ルック」を有していたこと[74]はすでに述べた。しかし、それが十六世紀のイングランド社会との関連においてとらえられるとき、解釈上の微妙な相違が見られるのである。この点について、順を追って見ていくと、次のようになる。

指令〔一〕は、最近応じた王位継承法[75]（Act of Succession）と首長法[76]（国王至上法：Act of Supremacy）の二つの宣誓[77]を修道院長とその共同体に想起させ、確認させたに過ぎない。

指令〔二〕は、修道者たちのあるべき位置を十分明瞭に知らせたものであるが、しかしそれは、修道者たちがすでに甘受していた宣誓の論理的帰結でしかなかった。

指令〔四〕は、一般戒律（General Law）として、それが現在でもそうであるように、常に全修道会内における伝統的なものとなっている。けれどもこれは、次のように本質的に二つの点で両義にとれるのである。すなわちその一点は、

㈠あらゆる事情のもとにすべてのものを拘束する取締り。

㈡単に、不可欠のもの・慣例であって、特別の免除（特免）によって認可される例外を許す一般的な原則。

さらにもう一点は、

㈠修道士（Monk）という言葉は、管理すべき財産を所有し、合法的に任命された修道院内の管理役員（Obedientiaries）を含み、大修道院長（Abbot）自身をも含む[78]。

㈡修道士という言葉は、修道院の「回廊の修道士たち」（'monks of the cloister'）および公私の業務に従事していない者たちに対する一般的な原則を単に表明したもの。

もし、二点とも、後者㈡の意味にとれば、それは伝統的なものに過ぎない。し

かしもし、前者㈠の意味だとすれば、それは管理上の危機を生じさせただけでなく、実際上、修道院から自治を奪ったであろう。もし、高位にある上位者が特別免除の付与者としてすべての点で大修道院長の立場をとることになっていなかったならば、ある事情のもとに、大修道院長が修道士たちか自分自身かに境内を出る許可を与えることができない修道院は、実際問題として、まったく運転不能なものとなったに違いない。(79)

これについて、ノウルズは、テューダー王朝の修道院――もしくは中世のもっとも厳格な規律の修道院ですらも――と完全に密閉された女子修道院との双方のあいだの類似は、合理的に引き出され得ないとし、「それゆえに、この指令の立案者が革命的な刷新の意向を持ち合わせていなかったということは、推定的に言えば、ありそうに思われる。立案者がそう意図していたならば、修道士という語の前に『大修道院長』ないし『マスター』を挿入していたであろう」(80)（It would therefore seem antecedently probable that the framer of this injunction had no intention of revolutionary innovation; had he so intended, he would have inserted 'abbot' or 'master' before the word 'monk'.）と説明する。

指令〔五〕については、類似の禁止が女子修道院内の男子にもおそらく適用されたと想像される。これも目新しいものではなく、本質的にもっとも健全なものであるが、再びこの言い回しも次のように両義にとれるのである。

㈠それは、常にいたる所で（*semper et ubique*）拘束力がある。

㈡大修道院長の食事室（Abbot's Board）や賓客の大食堂（Guests' Dining-hall）から締め出される対象者として、著名な婦人や近親関係者のごとき女性たちは、伝統的な例外。

再びここには、その背後に伝統を伴った法律上の注釈、つまり、より広義での解釈を好都合にしている。

一方、有名な十六世紀のイングランドにおける「新学問」[81]（New Learning）の直接的帰結と考えられる条項が、次にあげる諸条項である。

まず指令〔一六〕である。この指令〔一六〕は省略されているのが残念であるが、疑いなくこの時までに、聖パウロ St. Paul に関するジョン・コレット John Colet：1467?―1519）――聖パウロ司教座教会首席司祭・ルネサンスのヒューマニスト――風の新約聖書評釈が意図されていた。言葉だけは二世紀以上にも及んでいたようである。(82)

指令〔一八〕は、諸儀式の無益性をエラスムス Erasmus（1466?―1536）――ルネサンス最大のヒューマニストの一人。新約聖書のギリシア語原典の研究で知られ、『愚神礼賛』の著者でもある――流に記した長文であるが、この指令の内容については説明済みなので省略する。(83)

指令〔二二〕は、むしろ指令〔一八〕以上に革命的な指令と言ってよく、これは、一つの命令と言えるものである。ノウルズは、「これは、実際問題として、総代理（トマス・クロムウェルをさす＝工藤註）のもとに全権を委ねられた巡察使たちによって遡及力を有するものとされたのであり、それゆえ、修道誓願を免ずる権利を主張することができた」[84]（This, in practice, was made retrospective by the visitors who held plenary powers under the vicar-general, and could therefore claim the right to dispense from monastic vows.）と言っている。この条項もエラスムスの教えに基づくものである。

指令〔二三〕は、古くからの迷信を否定し、聖遺物は「利益増大の目的で」示してはならないと規定した点を注目すべきである。

指令〔二五〕では、毎日ミサの際にアン王妃（１５３３—１５３６）を思い起こさせるように聖職者たちに義務付けている。この条項は、それほど重大ではないとしても、しかしある意味では重要な命令と言えよう。なぜかと言えば、これは、イギリス国教会の新組織を明瞭に反映したものと解されるからである。

最後に〔二六〕では、大修道院長は、指令の侵害者を通告する者に対し、金銭および本署への道のりのあらゆる便宜を供給するように仕向けられているが、これは「まったく先例のない」（entirely without precedent）条項である。

さて、われわれの考察は、単に《二五指令》が、①シャープではあるが実際的な規律上の規準として意図されたもの[85]か、あるいは②修道士たちにとって「不可能への復帰」(*Reductio ad impossibile*)として意図されたもの[86]かどうかということを再検討するに過ぎない。そこで、そのことについて、指令〔四〕に限って述べるならば、歴史家ノウルズは、文字通りに解釈するのは実際的にも精神的にも理解の重大なる失敗(a serious failure)とし、「そのような取締りは、聖ベネディクトの時代からクロムウェルの時代に至るまで、修道院または教会の秩序における戒律ないし常習的行為では決してなかった……」[87](Such a regulation had never been the law or practice in the monastic or canonical order from the days of St. Benedict to those of Cromwell, ……)のであり、「外部から課される取締りは、それらが道理に従って実際的であるときにのみ賢明なものとなるに過ぎないのであって、これはそうではなかった」[88](Regulations imposed from without are only wise when they are reasonably practical, which this was not.)

とする。そして、精神的な更生は、一連の厳格な宗規によって成し遂げられるものでもなく、また、中心的な巡察使のリーLeghやレイトンLaytonのような者たちの尽力によるものでもない[89]、と。

そこで、ノウルズはガスケ説を支持できないとし、その理由として続けて次のようないくつかの点を挙げている。

㈠巡察使のレイトンは、上記②（118頁）のような政策を少しも知らなかった。彼は巡回活動の初めの数週間、指令適用の制止を強く唱えたのであり、修道士たちに惜しげもなく特免を与えた[90]。

㈡巡察使のアプ・ライスAp Riceによって十月三十日[92]にディナイDenny女子修道院（ケンブリッジシャーのフランシスコ会）[92]でなされた提案——「もし彼女らがこれらの指令を遵守するように強制されれば、皆そうします[93]」（'They will all do this if they are compelled to observe these injunctions.〟——は、重要な議論とはなり得ない。なぜならば、この提案は明らかに、やめたいと思う修道女全員に特免を与えて免職させるという意向を阻止したいという気持ちで、クロムウェルへ宛てられた巡察使リーの書簡の中に追伸としてほのめかされたものだったからである。[94]

㈢　実際、≪二五指令≫が、一五三五年に修道院を空にしたかあるいは修道院がそうされるように企図されたのかは、何の証拠もない。[95]

この㈢についてノウルズは、とくに次のような興味深い判断をくだしている。

「そこにはほとんど証拠がないというのは、指令の苛酷さが王に拠ったということを示すことになるのであり、王は常に他の人々の責務を厳しく見たが、しかし王はすぐにそのことに興味を失い、クロムウェルがふさわしいと考えたように、一部分は大修道院長らを滞りなく屈従的なものとしておくために、また一部分は儲かる特免の利益を確保するために、指令の適用を彼に任せた」[96]（What little evidence there is goes to show that the severity of the injunctions was due to the king, who always took a strict view of other people's obligations, but who quickly lost interest in the matter and left it to Cromwell to apply the injunctions as he thought fit, partly to keep the abbots duly subservient and partly to secure the advantages of a lucrative dispensation.＝訳文の傍点は工藤）、と。

またノウルズは、≪八六箇条の調査命令書≫についても次のように言っている。

㈣　巡察使たちは、≪八六箇条の調査命令書≫を携えて歩いたのではあるが、彼らがそれをあらゆる場面に用いたとか、あるいは、実は、なんらかの特別な場面に用いたという証拠はないのであり、また宗教上および教会法上のプロローグが、おそらくまるで無視されたという証拠もない[97]。

以上のノウルズの見解から言えることは、≪二五指令≫が遵守不可能への復帰として「意図されたものではない」ということである。また《八六箇条の調査命令書》がどのように修道院の巡察に利用されたかという点についても同様のことが言えるという。

そこで、《二五指令》が修道院解散にどのように作用したかという点について、いま一度筆者の見解をまとめて最終的な結論としたいと思う。

《二五指令》の性格が、政策未決定期に作成されたいわば「両刃《もろは》の剣」であったとする説がある。[98] 確かにこれはまったくの間違いではないと言えよう。修道院の「新教的改革」の一面と、修道院の「不可能への復帰」の一面が表裏一体となっていることは確かに読み取れる。しかし、筆者はあくまでも「新教的改革」は、宗教改革を起こしてカトリックから独立し、新教（プロテスタント）へと移行することに対する現時点での建前であり、あくまでもポーズではなかったかと考える。それは、解散に対する公の認諾を得るための巧妙な手法だったのではないだろうか。いきなり解散という暴挙にでることは、当然避けなければならないことは、常識的にだれにでも分かっていただろう。あくまでも「両刃の剣」の裏に隠された本心は、修道院の「不可能への復帰」＝解散ではなかったか。筆者は、その証拠として、次のいくつかの点を挙げたい。

ｉ　国王ヘンリが、イギリス国教会の首長として、教会に関するあらゆる物のジャッジであり、聖職者の財産をコントロールすることができると考えていたこと。

ⅱ　すでに、修道院解散（一五三六年）以前の、一五二八年から一五二九年の間に、枢機卿ウルジーによって、六人以下の小修道院が解散され、その解散の目的が、国家による修道院財産の財源流用だったこと。

ⅲ　国王の総代理トマス・クロムウェルが、一五三四年初秋に「イギリス国教会の財政上の国有化」計画の草案――実現されなかった――をすでに練っていたこと（本書第1章第3節参照）。その中の5・6・7・11項で、とくに5項において、一三名以下の修道院を国王による没収対象とすると規定していたこと。そして、クロムウェル自身が、国王ヘンリを「キリスト教世界におけるもっとも富める君主」とすると自ら公約し、国王に送った書簡の中でそのことを神に祈っていること。

iv 一五二九年春、ヘンリ八世が、ローマ教皇使節カンペッジョに、教会財産の没収に関するモラリティについて漏らしていたこと。

v 同年暮れ、フランス駐英大使が来るべき宗教改革議会――第一開会一五二九年――の最優先事項が教会・修道院財産の略奪であると本国に書き送っていること。

vi 一五三三年、および一五三四年一月から九月にかけて、ドイツ皇帝カール五世の駐英大使シャピュイが、広がっていた噂をもとに、本国皇帝宛に、国王ヘンリによる教会財産の再統合が企てられていると報告していること。

vii ≪二五指令≫の起草者クロムウェル自身が、「時間がたつにつれて宗教の主要な終止点に至るだろう」と予め公言していたこと。

ノウルズは、指令〔四〕〔五〕〔六〕条など――とくに「定住の誓願」――は従来通りの一般戒律に過ぎないと指摘するが、クロムウェルは、「両刃の剣」の両面にわたって、その適用・運用次第ではどうにでも利用できることを、当然ながら、熟知しいたものと想像される。指令〔二六〕において違反者の「告発」が奨励されており、従来のような理想を目指した一般戒律＝形式的な一般戒律では決してなかった。ノウルズ説は、≪二五指令≫作成に至るまでの経過や諸々の因果関係をやや表面的に捉えているように思われ、これらの点を過小評価しているように感じられる。修道者たちは、敏感にクロムウェルの恐るべき本心・真意を察知し、見抜いたがゆえに、修道院側から「抗議の俄雨」が降り注ぐ結果を招いたのではなかっただろうか。

またノウルズは、巡察使たちが「不可能への復帰」＝解散をまったく知らされてなかったことを指摘するが、クロムウェルら当局が巡察使たちに事前にそのことを知らせる必要性はまったくなく、むしろ「解散」ではなく「改革」であることを装うのは当然のことであったろう。事前に彼らに「不可能への復帰」＝解散という本心を知らせていたならば、巡察使たちの調査態度は過激なものとなったに違いないのであり、混乱や秩序崩壊の危険が予想されたのは明らかである。「解散」ではなく「改革」を目的にすれば、巡察の結果として、修道院のモラルの頽廃を理由に、納得できる解散の口実が整うからである。

以上のように、筆者はノウルズ説を完全に否定するものではないが、上記のⅰ～ⅶ等の種々の証拠に鑑みて、すでに本章第3節で述べた通り、やはりガスケ説支持の立場へと落ち着かざるを得ない。

第5節　巡察使とその性格

総代理（Vicar-General）および国王代理（Vicegerent）として聖職者会議（Convocation）の議長に就任し、カンタベリー大主教の上位を占めたクロムウエルは、一五三五年一月、すでに万事巡察の機構を整えていたが、しかしなんらかの事情により、そのブレーキがとかれるまでには七カ月を要した。[99] 前回の巡察による調査は、修道院弾圧の風評と新たな課税の風評を招き、先見の明ある修道院長たちはすでに事前対策を施していたこともあって、[100] 事態は緊急を要し、クロムウェルは巡察使レイトン博士にせかされながらも、「具合の悪いところを矯正するという公然と認められる意向で」[101]（with the avowed intention of remedying what was amiss）第三回目の修道院巡察を開始したのである。

クロムウェルによって任命された巡察使たちは、主教区裁判所（Consistory Courts）で働いた経験がある法律家が多かった。さらに具体的に言うならば、宗規に通じた教職者（Canonists）か民法学者（Civilians）、もしくはコモン・ロー法律家（Common Lawyers）のいずれかに属しており、さらに聖職者と俗人の二つの身分に分けて考えるならば、両者の人数はそれぞれおよそ五〇名ずつの合計一〇〇名[102] の人々から構成されていた。したがって、これらの巡察使は、いつでも起訴に対して弁護人として振る舞う資格を十分に与えられ、かつその摘要書に従って評決を得るために必要なあらゆる術策を講じるのに熟練した者たちであった。[103] 俗人ジョン・トレゴンウェル John Tregonwell やジョン・アプ・ライス John ap Rice のような幾人かの例外を除けば、修道院所属聖職者（修道司祭：Regulars）に対する教区在住聖職者（教区付司祭：Seculars）の昔からの対抗意識や憎しみを十分に分け持ったいわば出世第一主義者としての教区付司祭たちだった。[104] それゆえに修道士たちはこれらの巡察使たちの中にもっとも恐るべき敵手を見出したのである。[105] 巡察使のある者はなぜ自分が任じられたのかを完全に理解し、クロムウェルに次のように書簡を送っている。

「改革にふさわしい多くのことをご覧に入れましょう。それについて、必ずや国王殿下と貴官はお喜びになられましょう[106]」（'You shall hear and see many things worthy of reformation, whereof, I suppose, the King's Highness and you will be glad.')

注目すべき点は、クロムウェルが、これらの代理人＝巡察使の隅々まで油断なく見張り続け、自分自身の手先一人ないしそれ以上の者を巡察使の幹部に紛れ込ませていたことである。

巡察使たちの性格について、歴史家たちによって語られる内容にはかなりシビアな面もある。その内容には、率直に言っていささか抵抗を感ずる部分もあるが、ここではあえてそのまま紹介したいと思う。やや感情的で極端と思われる表現が認められるが、多分それはキリスト教徒である歴史家の宗教的な信仰や心情が影響しているのではないかと想像される。たとえばガスケは、十九世紀末のカトリックの枢機卿である。この点、少し割り引いて解釈すべきではないだろうか。

まずポラード Pollard は、「巡察使たち自身は疑わしい性格の者たちだった。実際に、尊敬すべき人物はほとんど仕事をするように説得されなかった」(107) (The

〔表３〕代表的な４人の巡察使の比較

	リチャード・レイトン	トマス・リー	ジョン・アプ・ライス	ジョン・ロンドン
身分 職業	聖職者 弁護士	俗人 弁護士	俗人 古典学者・歴史家	聖職者 学長
学歴	ケンブリッジ大学	ケンブリッジ大学	（不明）	オックスフォード大学
巡察時年齢	約 38 歳	35 歳未満	（不明）	約 50 歳
性格	多弁	尊大	口やかましい 抜け目がない	従順
共通点	宗教生活（religious life）をなんら称賛しない			
巡察後の動向	優れた官職に就き、優遇される。解散修道院領を取得し、名家の基礎を築き、富裕の生涯をおくる			フリート監獄で悲惨な獄死

visitors themselves were men of doubtful character; indeed, respectable men could hardly have been persuaded to do the work.）と記述しているが、果たしてポラードのこの見解は、そのまま受け取っていいものだろうか。

そこで、次にこの点について考察していきたいと思うが、〔表３〕に示したように、これらの巡察使のうちでようやくその行動の足取りを追跡できるのがこの代表的な四名である。他の巡察使については、その具体的な行動の足取りをほとんど追跡できないので、次にこの四人の巡察使を中心に見ていきたい。

１　リチャード・レイトン博士Dr. Richard Layton

〔略歴〕

○ケンブリッジ大学民法学博士（D. C. L. of Cambridge University）

○カンバーランドCumberlandの名門に生まれる

○カスバート・タンストールCuthbert Tunstall（１４７４─１５５９）─

─イギリス国教会の主教・学者──と親戚

○「恩寵の巡礼」（Pilgrimage of Grace, 1536–37）の指導者ロバート・アッシュRobert Aske（?─１５３７）と親戚

○一五二二年（多分、二五歳になろうとしていた）、ケンブリッジ大学民法学士（B.C.L.）の学位を修得。昇進の階段をのぼり始める

○一五二〇年代末、枢機卿ウルジーThomas Wolsey（１４７５?─１５３０）の奉職中にクロムウェルの同僚。クロムウェルとの最初の接触

○?年、カンタベリー大主教管轄下の控訴裁判所（Court of Arches）弁護士（弁護士職は以前より確立）

○一五三三年、シオン[1]Syon の修道女の裁判を審理

○一五三四年までにはその他多くの聖職禄（Benefices）や閑職を有す

○一五三五年以前にバッキンガム Buckingham の助祭長（Archdeacon）に就任

○一五三五年、大法官府（Chancery）の書記に就任

○同年、ヘンリ八世の宗教改革に反対した、フィッシャーJohn Fisher（１４５９—１５３５）およびトマス・モア（１４７８—１５３５）の裁判を審理

○一五三五—三六年、国王の修道院巡察使として成功。オックスフォードの巡察において中心的役割を果たす。オックスフォード大学の写本と図書館の最初の破壊者となる

○一五三六年、国王ヘンリの二番目の王妃アン・ブーリン Anne Boleyn（1507—1536）の裁判に関与

○一五三六—三七年、「恩寵の巡礼」の指導者らの裁判に関与。また、グラストンベリ Glastonbury 大修道院[②]の最後の院長の裁判では舞台裏で一役を担う

○一五三七年、牧師館ハロー・オン・ザ・ヒル Harrow-on-the-Hill を所有し、同教区牧師（Rector）となる

○一五三八年、枢密院（Privy Council）の書記・大法官府主事に就任

○一五三九年、大修道院財産の明渡しを交渉する委員となる

○一五三九—四三年、ヨークの首席司祭（Dean）に就任

○一五四〇年、ヘンリの四番目の妻アン・オブ・クレーヴ Anne of Cleves（1515—1557）を離婚する方法の案出に参加

○一五四三年、オランダ駐在大使に就任。一方ではステップニーStepney の教区牧師、チェスター・ル・ストリート Chester-le-Street の大聖堂（Collegiate

Church）首席司祭、セッジフィールド Sedgefield の教区牧師その他を兼職・歴任

○一五四四年六月、ブリュッセル Brussels において死去

「交際上手」[108]（'a good mixer'）と称されたレイトン博士は、歴史家スミスによれば「心底の俗物」[109]（'a hearty vulgarian'）であり、また歴史家バスカヴィルによれば、「男くさい男」[110]（'man's man'; 'heman'）の忌まわしいタイプ、換言すれば、「例の胸くその悪くなるようなタイプの典型的な見本」[111]（'a prime specimen of that loathsome type'）と称された。明らかに猥談の類を好む口数の多い牧師だったという。それゆえ、修道士たちに指令を課すのに幾分だらしなかったのではないかと想像される[112]。

また、レイトンが信念の面においても欠乏が見られたということは、クロムウエルが「失敗」（*faux pas*）をほのめかしたとき[113]に、レイトンは、グラストンベ

リ Glastonbury 大修道院（サマセット Somerset のベネディクト会[114]）の院長リチャード・ホワイティング Richard Whiting（?―一五三九）に懐いていた誠実で好意的な評価をすぐさま翻したという事実と、同様に、かつてイエスがベタニヤ Bethany で得た以上の歓迎[115]でレイトンが総代理クロムウェルを賓客としてハーロウ Harrow に招待したときの言葉[116]――シメオンがイェルサレムの神殿で幼子《おさなご》イエスに初めて会い、この幼子こそ神に予言された救世主《メシア》であると悟り、自分は神殿から去ったというエピソード（『新約聖書』ルカによる福音書2章25－35節）になぞらえた言葉――によってもまた明白であろう。

　レイトンの略歴を見ると、彼がケンブリッジ大学民法学博士であり、弁護士でもあることが分かる。いわゆる当代のエリートだった。彼は、枢機卿ウルジーの在職中に、クロムウェルの同僚であり、クロムウェルとの接点はここから始まった。そして、修道院解散以前に、すでに多くの聖職禄や閑職を得ていた。

　一五三五年には、大法官府の書記に就任し、ヘンリの宗教改革に反対したフィッシャーとトマス・モアの裁判の審理に従事した。翌三六年には、王妃アン・ブーリンが姦通罪という不義を犯したとされる秘密裁判に、また四〇年には、ヘンリの四番目の妻アン・オブ・クレーヴの離婚裁判にも関与した。さらに、修道院解散に反対して起こされた農民反乱「恩寵の巡礼」の首謀者らの裁判等に関与し、これらの裁判を通じて一貫して国王ヘンリ側に立って活動した。その結果レイトンは、枢密院書記、大法官府主事に就任し、最終的に、死亡する一年前の一五四三年にはオランダ駐在大使に出世する。

レイトンの略歴は、レイトンの公職上および聖職上の着実な昇進過程を簡潔に示したものであるが、とくに一五三〇年代の昇進ぶりには十分注目すべきものがある。つまり、わけても一五三五年七月に開始された修道院の巡察は、レイトンにとって繁栄へのまたとない好機となった。当局者たちはそのことを知っていて、彼の強請・窃盗・汚職を見て見ぬふりをしたという。(117)「修道士も人間であるならば獣とたいして変わらないだろう」と期待しながら、レイトンは、修道士たちの怪しい挙動の詳細についてもらさず知らせてくれる気の合った旧友をヨークシャーにたくさんもっている[118]と予めクロムウェルに話している。

　レイトンは、オックスフォードの巡察において中心的な役割を果たした。巡察途上、クロムウェルに宛てられたレイトンの書簡の内容の特徴は、きびきびした言い回しで絶え間ない活気があり、クロムウェルの厖大な信書の中でひときわ目立つ。また、重臣たちの重苦しくかつしばしば悲惨なまでに無味乾燥な郵便物の中にあって、レイトンの書簡は、自分は歓迎されたいという気持ちが際立っている。この二つのことが言えるであろう。事実、これらのフレーズの多くはおよそ全部が名誉を傷つけるようなものばかりであり、いかなる免罪符をもってしてもレイトンの品性を救済するには及ばないのではないかとすら思えるほどだという[119]。したがって、われわれは、レイトンの書簡がどれほど真実を伝えているか、真相の正確な割合はどれほどなのかを見出すことは困難である。レイトンの書状はいわばお世辞に満ちており[120]、さらに、それらが後世に残る史料・古文書になるということをまったく想定せずにしたためられたものである。或るエピソードのもっとも鮮烈な叙述がまたもっとも信頼に値すると誰しも考えがちであるが、彼の書簡は、そういった何かしらの配慮や仮定をまったくせずに書かれたものに他ならない(121)。

修道者たちに関する不謹慎な話のほとんど全部が正当であるという見方は、レイトンに帰せられると言っても過言ではないのであるが、しかし一方、レイトンが修道者たちについて言ったことは、たとえば、ウォーデン Warden シトー派大修道院（ベッドフォードシャー Bedfordshire; Wardon とも書く(122)）の院長がちょうどこのときにみずからの管理下の修道士たちについて言っていたことと大差はなく、何も悪くなかったとも言えるのである(123)。とくにダラム Durham 司教座聖堂付属修道院（ベネディクト会(124)）では、レイトンは、「婦人方はどなたも来ませんし、修道士たちは誰も外出しません(125)」（'No women come in and no monks go out.'）と修道院に好意的な報告をしている。レイトンは、宗教的建造物に「指令」

を遵守するように強要することにかけてはむしろ同僚のリー博士よりも遥かに厳格ではなかったとさえ言われる。

大学の組織や体制というものは、とくに歴史の古い保守的な大学であればなおさら、不合理で理不尽なことが十年一日《いちじつ》のごとくなかなか改善されないものである。カトリック関連文書の一掃という点で、レイトンはライバルのオックスフォード大学を改革した――その仕事を、ケンブリッジ・マンとしてのレイトンが、徹底的に外圧を加えエンジョイしたに違いない（略歴一五三五―三六年の項を参照）――以上に見事であり得たものは他に何もなかったという評価もある(126)。

いずれにせよ、レイトンが向こう見ずにしかも大規模に修道院共同体の罪状を告発したという事実は覆すことのできない真実である。しかしながらその告発の証拠が客観的に支持できない、あるいは成り立たないという評価の難しい代表的な人物でもあるのである。

2　トマス・リー博士 Dr. Thomas Legh

〔略歴〕

○ケンブリッジ大学民法学博士。レイトンの同僚

○カンバーランド Cumberland にいくつかのコネクションを持つチェシャー Cheshire 生まれ

○ローランド・リー Rowland Lee（コヴェントリー Coventry およびリッチフィールド Lichfield の主教：？—１５４３）と遠縁のいとこ

○一五二七年、ケンブリッジ大学（多分 King's College の）民法学士の学位を修得

○一五三一年、同民法学博士（D.C.L.）の学位を修得

○？年、カンタベリー大主教管轄下の控訴裁判所弁護士となる

○一五三二—三四年③、デンマーク駐在大使に就任

〔国内外において種々様々な方法で雇用される〕

○一五三三年、国王とその最初の妻キャサリン・オブ・アラゴン Catherine of Aragon（１４８５―１５３６）の離婚裁判でダンスタブル Dunstable 小修道院④を担当

○一五三五―三六年、国王の巡察使として修道院を巡察。主にケンブリッジシャーを巡察

○一五三六年、王妃アン・ブーリンの裁判で同じくダンスタブル小修道院を担当

○同年、レイトンとともに、裁判に先立って「恩寵の巡礼」の首謀者を調査

○一五三七年、大法官府主事に就任

○一五三八―四〇年、大修道院の弾圧に任用される

○一五四四年、ナイト爵に叙せられる

○一五四五年、死去

如才がなくうぬぼれの強いヤング・ドン、「すこぶる大きくてでぶでぶの体格」[127]（'a very bulky and gross habit of body'）、そのような風貌の人物がトマス・リー博士だった。彼の立場は、巡察使たちのナンバー・ツーに数えられている。

リーは、レイトンと同じケンブリッジ大学出身の民法学博士であり、レイトンの同僚だった。つまり、両者の学歴は同じである。これだけではない。両者の肩書は、カンタベリー大主教管轄下の控訴裁判所の弁護士という点においても同じである。国王ヘンリの最初の妻キャサリン・オブ・アラゴンの離婚裁判や二番目の妻アン・ブーリンの離婚裁判に係わり、「恩寵の巡礼」の首謀者の調査、また大法官府主事への就任など、これらの点においてもリーとレイトンは、ほぼ同様である。さらに、レイトンは、一五四三年にオランダ駐在大使に就任したが、リーはレイトンよりも十一年早い一五三二年にデンマーク駐在大使になっていた。

リーは、修道院解散を通じた国王への忠誠心の功績により、死の直前にナイト爵に叙せられている。

リーは、巡察使としては、主にケンブリッジシャーを担当した。

リーの人柄については、その耐え難い傲慢さに加えて同僚の一人アプ・ライス博士が「太守面」（'satrapic countenance'）と呼んだいわゆる古代ペルシアのサトラップ（知事）に似た容貌は、すべての人々に――彼のいとこでリッチフィールド Lichfield の主教リー Lee にさえも――無礼の原因になったと言われる[128]。すなわち、レイトンよりは鋭敏な心の持ち主ではあるが、ユーモアのセンスがなく横柄で冷酷な性格で、無情な人物であった。そのためノーフォーク公トマス・ハワード Thomas Howard（１４７３―１５５４）やドイツ皇帝カール五世駐英大使のユースタス・シャピュイ Eustace Chapuys にも嫌われた[129]。

注目すべきことは、アメリカの言葉で言う「田舎者の田吾作」（'hicks and hayseeds'）とか、また別の言葉では、「粗野な権兵衛」（'barbarous rural persons'）というふうに知られていたこれらのエリートたちを、リー博士のごときタイプのインテリ連中が刺激する恐怖に勝るものはないという、バスカヴィルの指摘である。[130]前掲の「トマス・リー博士の略歴」に示したように、レイトンとともにリーは、修道士たちはもちろんのこと、いわゆる修道院解散に反対して起こされた「恩寵の巡礼」の暴徒の立場からしても、まさしくドス黒き魔物（***béte noire***）、すなわち蛇蝎《だかつ》のごとき嫌われものだった。

リーは、仕着せを着せた随行員に随行されて、ビロードのガウンを着て現れたとき、修道士たちに大修道院の正門で行列をつくって出迎えられることを期待し[131]、持ち前の傲慢な態度で修道士たちの罪状をあばく仕事に着手した。あげくのはてに修道士たちを脅かして互いに告発させる方法をとった。そして、それがうまく成功しなかった場合は、修道士どもが暴《あば》かれるはずであった真実を妨げようと「共謀」したと当局に報告したのである。[132]

さらにリーは、法律の字句にこだわる法律尊重主義者でもあった。このゆえに、悪く偏狭な人物とも解釈されているのであるが、リーはわずかの斟酌もなく≪二五指令≫の遵守を修道士たちに強要しただけでなく、あまりにも寛大過ぎるという理由から、同僚のレイトン博士をトラブルに陥れるように試みているのである。[133] リーはもちろん、任務中にひとかどの財産を築いたのであり、その行状についての苦情は夥しいものがあった。[134] 実に、「このように通常の業務を遂行するためには永続的な特免が必要であることを余儀なくさせ、それゆえに、修道院長や臣民が万能の国王総代理（クロムウェルをさす＝工藤註）を永続的に思い起こし続けることを余儀なくさせるように俄かに修道院の規律を遵守不可能なものへと引き締める計画を案出したのは、リーだった」[135]（It was Legh who devised the plan suddenly to tighten the monastic discipline to an impossibility of observance, thus forcing a continual need of dispensations for the ordinary conduct of affairs, and so a continual recurrence of superiors and subjects to the all-powerful vicar-general.）ことを考えてみるならば、リーはこの方面におけるかなりの実力者であったと想像できる。そしてまた、この特免を修道院長たちに付与することによる朝廷の収入こそが、当面は何よりも望まれ必要とされたのである。

しかしながら、反面、リー博士はその廉直さゆえに大法官トマス・オードリー Thomas Audeley（１４８８―１５４４）がクロムウェルに告げたような世評――「私には、彼（リー＝工藤註）がその任務の遂行に良くも悪くもなくピッタリだとしか聞こえません[136]」（'I hear not but that he suith himself right indifferently in the execution of his charge.'）――を保持していたようにも思われ、さらにまたリーは、著名な修道士のために十分な年金を保証するように骨を折ってもいるのである。たとえば、ノーフォークのコークスフォード Cokesford 小修道院（アウグスティヌス［オースティン］・キャノン[137] Austin Canons）の院長がクロムウェルに宛てた書簡の中で述べた言葉――「彼に対する私の信頼はすべてです[138]」（'in him is all my trust.'）――や、また同様にハンプシャー Hampshire のホアウェル Wherwell（女子ベネディクト修道会[139]）大修道院長が述べた言葉――「リー博士の学識と優れた資質は、私たちと私たちの修道院に利益をもたらすかも知れません」[140]（'Dr. Lee's learning and excellent qualities may profit us and our monastery.'）——によってもそのことが窺知され、一概にリーを冷酷な修道院の破壊者とみなすわけにもいかないのである。

3　ジョン・アプ・ライス博士 Dr. John ap Rice

〔略歴〕

○古典学者（Scholar）・歴史家（文学史）

○四法学院（Inns of Court）より抜擢され、クロムウェルの個人的なスタッフ・公証人（Notary Public）となり、以後ながく重大な裁判に従事

○一五三二年までにはクロムウェルに服務

○同年、オークランド Auckland のタンストール C.Tunstall の家を家宅捜索

○一五三四年までにソールズベリー Salisbury の記録事務官に就任

○同年、カルトジオ修道会の修道士フィッシャーとトマス・モアを審理

○一五三五―三六年、国王の修道院巡察使。他にウェールズの行政をイングランドの行政に同化させるための法令を起草するのに重要な役割を担う

カーマーテン Carmarten およびブレコン Brecon の小修道院を獲得するために活動する

○一五四七年、ナイト爵に叙せられる

○一五五一年、ウェールズ辺境評議会（Council of the Marches）に関わる

○一五七三年⑤？　死去

アプ・ライス博士の経歴は、レイトンやリーとは少し違う。レイトンやリーは法律家・弁護士であるが、アプ・ライスは古典学者・歴史家の肩書を持つ。彼は、四法学院から抜擢され、クロムウェルの個人的な公証人となり、これがきっかけとなって、以後重大な裁判に従事するようになった。そして、レイトンと同様に、フィッシャーとトマス・モアの裁判を審理した。彼は、主にウェールズ方面の仕

事に係わり、その功績によって、一五四七年にナイト爵に叙せられている。

アプ・ライス博士は、「リー博士の柔和版」[141]（a milder edition of Dr. Legh）とされており、同僚のエリス・プライス博士 Dr. Ellis Price と混同されやすい（エリス・プライスの巡察はウェールズ内だけに及んだのであり、一緒に夫人を同伴して歩いたことで不適切な代理人として知られる）。

アプ・ライスは、現実主義者でしかも「修道者を毛嫌いした」[142]（prejudiced against the religious）人物とされ、彼は、よりよい成果はなるべく多くの懐柔的な方法を採用することによって得られると考えた。そして、みずから「小さなずぶとさ、とりわけ告発おいて」[143]（‵small audacity, especially in accusation′）と称しながら、ウィルトシャー Wiltshire のレイコック Lacock 女子修道院（アウグスティヌス女子修道会）をライスが巡察した際に、修道院とその居住者たちに大変手厚い賛辞を贈ったのであり、またその学識に関して女性たちを褒めている[144]。

ウェストサフォーク West Suffolk のベリー・セント・エドマンズ Bury St.

Edmunds 大修道院（ベネディクト修道会）[145]では、セント・ローレンス St. Lawrence が焼かれたとされる聖遺物の木炭をライスは信じている。ライスは、巡察使の中では比較的真面目な人物で、彼の活動内容から見て、巡察使たちの態度は一様に過酷などというものでは決してなかった。

ライスは、明らかに前歴にやましいところがあったらしく――「過去に臆病」(a coward with a past) とある――、このためかどうかは分からないが、ライスに関しては前掲の「ジョン・アプ・ライス博士の略歴」を見ても分かるように、生没年をはじめとして、案外不明な部分が多い[146]。

ライスは、巡察終了後は、解散修道院領をウェールズのブレコン Brecon に得て、そこに腰を落ち着けて州の旧家の基礎を築いた。そして、いかにも歴史家らしく見事な蔵書を収集して、メアリ一世（在位１５５３―１５５８）に鋳造貨幣に関する著書を献呈している。さらに他に、イングランド史およびウェールズ史関係の多くの堅実な著作を著した。ライス一代で多くの有利な恩恵に浴したこともあってか、ライスの子孫であるカーネル・プライス Colonel Price をしてひとかどの著名な勤王家とまで言わしめている。

４　ジョン・ロンドン博士 Dr. John London

〔略歴〕

○一四八六年？生まれ。ウィンチェスターWinchester およびオックスフォード大学ニューカレッジ（New College）で教育を受ける

○一五〇五―一八年、ニューカレッジの特別研究員

○一五一九年、オックスフォード大学民法学博士の学位を修得。ヨークの受禄聖職者（Prebendary）となる

○一五二二年、リンカン大聖堂の会計係（Treasurer）に就任

○一五二六年、ニューカレッジ学長（Warden）に就任

○？年、ウォリンフォード Wallingford の首席司祭

○一五三五―三八年、国王の修道院巡察使。巡察には最初からではなく、途中から参加し、巡察終了まぎわにかなり活発に活動

○六箇条法（Statutes of Six Articles）の実施に熱意を示す

○一五四〇年、クロムウェルの失脚（処刑）と同時にスティーヴン・ガードナー Stephen Gardiner（１４８３？―１５５５）――ウルジーの秘書、ウィンチェスター司教・ケンブリッジ大学総長、メアリ一世即位と同時に大法官に就任――側に奔り、ルター派信者（Lutheranisers）を公然と弾圧

○一五四三年、ウィンザーの異端を起訴

○同年、ウィンザーの異端起訴とほぼ同じ時期に他の或る異端起訴の中でカンタベリー大主教のトマス・クランマー Thomas Cranmer（１４８９―１５５５）をもこの起訴に含めようとの陰謀を積極的に企てて失敗し、破滅。偽誓罪一度と姦通罪二度に問われて有罪となり、フリート Fleet 監獄に投獄されて獄死

註①ミドルセックスMiddlesexのブリジッティンズ修道会。
②サマセットシャーSomersetshireのベネディクト修道会。
③ただし、歴史家ヒューズは一五三三年と翌一五三四年の二年間としている（P. Hughes, *op. cit.*, p. 284）。
④ベッドフォードシャーBedfordshireのアウグスティヌス（オースティン）・キャノンAustin Canons。
⑤歴史家ノウルズによれば、この没年は、十中八九は、遅過ぎるようであるが（D. Knowles, *op. cit.*, p. 273, note 1）、今のところ、敢えてこれを解明し訂正している文献は見当たらない。
　なお、〔表3〕および四人の略歴は、以下の文献を比較参照して作成。
P. Hughes, *The Reformation in England, Vol. I: The King's Proceedings*, Hollis & Carter, London, 1956; H. Maynard Smith,

Henry VIII and the Reformation, Macmillan, London, 1964; A. G. Dickens, *Thomas Cromwell and the English Reformation*, English U. P., London, 1972; Do., *The English Reformation*, Schocken Books, New York, 1969; D. Knowles, *The Religious Orders in England*, *Vol, III: The Tudor Age*, Cambridge U. P., 1971; Geoffrey Baskerville, *English Monks and the Suppression of the Monasteries*, *The Bedford Historical Series: No. VII*, Jonathan Cape, London, 1972; F. A. Gasquet, *Henry VIII, and the English Monasteries: An attempt to illustrate the History of their Suppression*, *Vol. II*, John Hodges, London, 1889.

ロンドンは、ウィンチェスター大学およびオックスフォード大学卒業の学歴を持つエリートである。オックスフォード大学のニューカレッジで学び、特別研究員を十三年続けており、学研肌の人物であった。同大学民法学博士の学位を修得し、聖職者でもあった。彼は出世し、のちにニューカレッジの学長になっている。ロンドンは、修道院の巡察には、最初からではなく、途中から参加し、巡察終了まぎわには活発に活動した。ヒューズは、ロンドンをナンバー・フォーとして扱い、「このひどい時代にあってもっともひどい男のうちの一人」[147]だったと評している。すなわち、カンタベリー大主教のマシュー・パーカーMatthew Parker（１５０４―１５７５）は、ロンドンを「例の太った不潔な受禄僧」（‘that fat and filthy prebendary’）だったと酷評し、近代作家のガスケ Gasquet 枢機卿は、「修道院の略奪者全員の中でもっとも恐るべき」[148]（‘the most terrible of all the monastic spoilers’）人物と評し、ハント博士 Dr. Hunt が、「粗野で下劣」（‘coarse and vile’）な男と述べているということをその論拠として挙げている。

「巡察の期間中に、自己の機会を利用して修道女たちに罪を犯すように懇願したことは責められる」[149]（During the visitation it is charged that he used his opportunity to solicit the nuns to sin.)――つまり、ロンドンは巡察期間中に或る修道女姉妹と罪を犯したために、クロムウェルとの間にトラブルをかかえていたようであるが、前掲の「ジョン・ロンドン博士の略歴」を見ても分かるように、この事件はロンドンにとって、のちにみずからの運命を左右するほどの大きな汚点となった。

またロンドンは、イギリス国教会のいわば「中教会派」('central churchman')としての信仰上の立場を保っていた。[150] その内実は、ルターの宗教改革によるドイツ新理論およびその実際上のあらゆる影響の強力な反対者であったということが、彼がオックスフォードで新教(プロテスタンティズム)の鎮圧活動を以前から行っていたという事実からも推察される。[151] なおその上彼は、国王ヘンリの首長法にすらも反対であったようである。[152] ロンドンは、後年になって、反動の六箇条法を支持して、同様の熱意を示す。しかし、一方では迷信的な托鉢修道士を軽蔑し、偽りの聖遺物や信用をおとす記念碑の壊滅を享受したために、古い意見を持つ人々からさえも怒りを招いたのであった。結局、プロテスタントとカトリックの双方から悪い圧力を被ることとなって、数年後にはウィンザーでの屈辱的な乗馬――バークシャーBerkshire の主なマーケット・タウンを馬の尻に顔をあてがわされて引き回された――という公的懺悔を強いられた。そして、フリート監獄に投獄され、一切の地位と名誉を剥奪されて、一五四三年に獄死した[153]。

ところで、以上の「これらの話は、実際、一五三九年の六箇条法として知られる抵抗に屈しない保守的な規準の諸条項を彼が熱心に強要したために、その腹いせにホールのごとき同時代の革新集団作家ないしジョン・フォックスと彼の門下によって流布されたのである[154]」（These stories were, in fact, put about by contemporary writers of the innovating party like Hall, or by John Foxe and his followers, in revenge for the zeal with which he enforced the provisions of the diehard conservative measure known as the Act of the Six Articles of 1539.）とバスカヴィルは反論し、「彼は全体から見て親切な人物であったし、今もこののちにもクロムウェルへ宛てた彼の書簡は、彼がその基本財産を没収するように権限を委任された者たちのために甚だ多くの同情を示している[155]」（He was on the whole a kindly person and his letters to Cromwell both now and later show a great deal of sympathy for those whom he was commissioned to disendow.）と好意的に評価している。

巡察使の一人トマス・ベディル Thomas Bedyll は、「ロンドン博士は他の全部の巡察使以上に無知と迷信の改革を行っております[156]」（'Doctor London has done more for the reformation of ignorance and superstition than all the other visitors.'）とクロムウェルに報告しているが、ロンドンが本物だとされたカインの顎骨をはじめ、多くの聖遺物を信じなかったのは、確かにロンドンの名誉となっているのである。その従順な性格さのゆえに、ロンドンは、国家が浄罪界とか巡礼とかあるいは信仰療法などのイメージを鎮圧し始めつつあったとき、自分自身のなまぬるさを一掃せざるを得なかったのではないだろうか。

５　その他の主だった巡察使たち

五、六番目に多く現れるのがベディル博士 Dr. Bedyll である。ベディルは司祭であり、オックスフォード大学ニューカレッジにおけるロンドン博士の同僚で、一五三二年に枢密院の書記となり、一五三七年にロンドン市の助祭長に就任していたときに、早くも死亡している。

ベディルは教養のある人物で、危険な論争者・多元論者として知られ、ユーモアのセンスも少し持ち合わせていたらしい[157]。また、もっとも追従《ついしょう》的な人物でもあり、ノウルズによれば、ベディルの書簡はほとんど例外なくムシが好かないものばかりだという[158]。しかし、ベディルはケント Kent のフォークストーン Folkstone 小修道院（ベネディクト修道会）[159]およびドーバー Dover の小修道院（サンマルタン・ベネディクト修道会 St, Martin's Benedictine monks か）[160]、それにハンティンドンシャー Huntingdonshire のラムジー Ramsey 大修道院（ベネディクト修道会）[161]を好意的に報告している[162]。

次に、ジョン・トレゴンウェル Dr. John Tregonwell についてであるが、彼はコーンウォール生まれの俗人で、一五三五年に海事裁判所（Court of Admiralty）の首席裁判官に就任し、この後のメアリ一世統治下に議会（パーラメント）のメンバーとして大層寵愛を得[163]、一五五三年にはナイト爵に叙せられた。トレゴンウェルは、欲深い男で、しかも宗教改革後の新しい世の中に賛成しているのではあるが、巡察使の中では、他者の影響を受けないいわゆる独立の精神を有する第一人者で、立派な修道院とみなされる修道院の申し立てをためらいなく弁護している。彼は、宗教面においては保守的な思想の持ち主であった。アプ・ライスと同様に、或る修道院領を入手し、一家の基を築いている[164]。

他に、イングランド内の巡察使としては、トマス・サウスウェル Thomas Southwell やピーター博士 Dr. Petre 、ジョン・ヒルシー John Hilsey、それに、別途托鉢修道会の修道院を巡察した、リチャード・イングワース Richard

Ingworth、ドーバーの属主教（Suffragan Bishop）エドワード・バスカヴィル博士 Dr. Edward Baskerville といった同修道会に従順な三名の托鉢修道士がいた。この三名のうちエドワード・バスカヴィルは、エリザベス一世（在位１５５８―１６０３）治下で国王至上権の宣誓を拒絶したために、トラブルに陥っている。一方、ウェールズにおいては、前述のエリス・プライスとともに、ジョン・ヴォーン John Vaughan の活躍が確認できる。

以上見てきたように、総勢およそ一〇〇名を数えるこれらの巡察使たちは、レイトンやリー、ロンドンといった諸博士らに非常に類似したタイプの人々で、(165) ひとづかみにして崇高な感情に乏しく、俗物的であったとみなされている。前掲〔表３〕（130頁）に示したように、代表的な四人をはじめとした全体的な傾向またはは共通点は、「宗教生活を称賛しない」というものだった。ヒューズは次のように言っている。「巡察使たちの個人的な性格は、修道院の状態について何かりーズナブルで一般的判断を下すための異端審問の基礎とするには、制度としての修道院生活——たとえ一五三五年に修道院で生活していた人々全員ないしほとんどの者の実践がどうであれ——の存在理由の理想とは、あまりにもかけ離れている」[166]（The personal character of the visitors is too far removed from anything even remotely resembling those ideals that were the *raison d'être* of monasticism as an institution —— whatever the practice, in 1535, of all or of the most part of those who lived in monasteries —— for this inquisition to serve as the basis for any reasonable general judgment about the state of the monasteries at that time.）と。

しかし、あくまでもキリスト教徒ではない筆者（工藤）の立場からの感想であるが、彼らを一群の残忍な迫害者や通告者とみなすのは、率直に言って、やや問題があるというべきであろう。と言うのも、とくにこれらの活動的な数名のエージェントは、彼らと修道院の関係はまったく別として、独力で出世し、みずからの地位を築いたオックスフォード大学やケンブリッジ大学と言った名門大学出のインテリが多かったのであり、要するに、大法官オードリー Audley やリッチ Rich 以来の王朝のエージェント――つまり、へつらい、確固としたみずからの信念や哲学を持たない日和見主義者――以上に良くもなかったし、悪くもなかった。このような人々は、いつの時代にもどこにでも見受けられるごく普通の人々だったのではないだろうか。人生観・価値観が即物的で、国王ヘンリないしその総代理クロムウェルの恩恵に浴するためには、敵はもちろんのこと、たとえ身内であろうと友人であろうと、区別なくいつでも訴え、破滅させる用意ができていたのである。しかし出世も金銭も絡《から》んでいないときには、大変穏健で柔和な普通の人間たちだったのであり、しかも、ロンドン博士を除いて、彼らの多くが繁栄の中でその生涯を終えたのである。彼らは、頭脳明晰なエリートであるがゆえに理性的ではあるが、その反面、本当の信仰心を持ち合わせていなかったり信仰心に無知であれば、悪魔のごとき冷酷な振る舞いが平気でできたとも考えられる。あくまでも見方を変えればの話であるが、このような時代にこのような使命を課されたことが、彼らの不幸と言えば不幸な出来事だったという解釈もできよう。

しかし、かかる大学出の新興中産階級に属する人々をはじめ、その他の新興貴族（ジェントリ）や議会の構成員、治安判事、富裕な商人やヨーマンたちが、解散修道院領を取得し、中世とは異なる新たな所領経営を行って、この後のイングランドの国民経済の進展に大いに貢献したことは間違いないと言えるだろう。

註

（1）ただし、両派の女子部――アウグスティヌス修道会約一四（全体の約二・三パーセント）・ベネディクト修道会約八三（全体の約一三・五パーセント）を計算に入れれば、両者の順序は逆転する。Cf. Francis Aidan

Gasquet, *Henry VIII. And the English Monasteries: An attempt to illustrate the History of their Suppression. 2 vols. Vol. II*, John Hodges, London, 1889. Appendix V, pp. 542–564; Do., *English Monastic Life*, Kennikat Press, New York, 1971. pp. 251–318.

(2) F. A. Gasquet, *op. cit.*, *I*, 1888. Appendix, pp. 471–478.

(3) *Ibid.*

(4) *Ibid.*, *Vol. II*, p. 543.

(5) M. D. Palmer, *Henry VIII*, Longman, London, 1971. p. 60.

(6) 救貧所はかなりあったようであるが、修道院解散法 (27 Henry VIII, c. 28) の対象とはならず、一五三六年には弾圧されなかった (James E. Oxley, *The Reformation in Essex to the Death of Mary*, Manchester U. P., 1965. p. 158)。

(7) 同様に祈願所——純然たる宗教施設ではない——も一五三六年には弾圧さ

れなかった。一三七四にのぼる祈願所は、一五四七—八年に、エドワード六世（在位１５４７—５３）によって没収された (Cf. J. R. Tanner, *Tudor Constitutional Documents A.D. 1485-1603: with an Historical Commentary*, Cedric Chivers, London, 1971. pp.103ff.,535ff)。

（８）川本宏夫「ヘンリー八世の修道院解散とその財産処分について」(『関西学院史学』第五号、一九五九年）参照。

（９）Maurice Powicke, *The Reformation in England*, Oxford U. P., p.27.

（10）A. F. Pollard, *Henry VIII*, Longman, London, 1968. p.270.

（11）25 Henry VIII, c.22

（12）G. W. O. Woodward, *Reformation and Resurgence 1485-1603: England in the Sixteenth Century*, Blandford Press, London, 1963. p.76. ただし、ヒューズには、「一五三四年夏から秋にかけて」とある (Philip Hughes, *The Reformation in England, 3 vols. Vol. I: The King`s Proceedings,*

Hollis & Carter, London, 1956. p. 283)。

（13）P. Hughes, *op. cit.*, p. 283.

（14）M. Powicke, *op. cit.*, p. 28; M. D. Palmer, *op. cit.*, p. 61.

（15）Dom David Knowles, *The Religious Orders in England, Vol. III: The Tudor Age*, Cambridge U. P., 1971. p. 305.

（16）A. G. Dickens, *Thomas Cromwell and the English Reformation*（以下 *C.E.* と略記）English Universities P., London, 1972. pp. 129–130.

（17）Joyce Youings, *The Dissolution of the Monasteries*, George Allen & Unwin, London, 1971. pp. 47ff.

（18）P. Hughes, *op. cit.*, p. 283.　第二回巡察使が組織されたとき、第一回巡察使たちは王国全土を巡遊しながら、未だ任務の途上にあった。したがって、これら前後四回にわたる巡察・調査は、全体的に見て、矢継ぎ早に派遣されたのであり、暗に計画された任務遂行を急ぐ必要に迫られていたと推測される。

（19）たとえば、ヒューズはこう言っている。「いたるところ興味ありげに注目している俗人たちの眼前で、公然と聖職者たちはその財産・収益、良い管理・悪い管理、幸・不幸など、一部始終を語らねばならなかった」（*Ibid.*）と。

（20）この際に、大聖堂、共住聖職者団聖堂、教区教会、修道院、修道会および救貧所等ことごとくは、それぞれ財産帳簿（Estate Books）と会計録（Accounts）とを作成するように調査委員《コミッショナー》に勧告された。

なお、王は、修道院の富に関するこのような調査を自己の領地においてすでに実行していたのであり、数世紀以前から、財務府（Exchequer）や大法官府（Chancery）によって習得された統治のための全機構、すなわち、全経験を教会全体の物質的コントロールに利用していた（M. Powicke, *op. cit.*, p. 28）。

（21）《教会財産査定録》に関しては、ラテン語で書かれていたようであるが、全六巻から成るものが一八一〇―三四年に記録委員（Records Commissioners）によって出版されている。

（22）G. R. Elton, *The Reformation 1520–59 (The New Cambridge Modern History, Vol. II)*, Cambridge U. P., 1965. pp. 235–236. ノウルズによれば、実際は幾分低く見積もられた。Cf. D. D. Knowles, *op. cit.*, p. 312.

（23）P. Hughes, *op. cit.*, p. 283.

（24）F. A. Gasquet, *op. cit.*, *II*, Appendix V, p. 562.

（25）J. Youings, *op. cit.*, pp. 142–144.

（26）Cf. M. Powicke, *op. cit.*, pp. 25–27.

（27）ローマ教皇庁に支払われる初収入税の廃止は、一五三二年の法令[*]に倣って、一五三四年に達成されていた。[**] しかし、翌年の一五三五年、国王の至上権が保証された（一五三四年十一月）後に、これらの支払いに対する国王の権利が宣言されたのである。支払いはすべての寺禄に及ぼされ、同時に、教会の租税ないし十分の一税は年一回で恒久とされた（M. Powicke, *op. cit.*, pp. 27–28）。

（＊）23 Henry VIII. c. 20

（＊＊）26 Henry VIII. c. 3

（28）G. R. Elton, *op. cit.*, pp. 235–236; M. Powicke, *op. cit.*, p. 28.

（29）P. Hughes, *op. cit.*, p. 283.

（30）G. R. Elton, *op. cit.*, p. 236.

（31）*C. E.*, p. 127.

（32）P. Hughes, *op. cit.*, p. 285, note 3.

（33）Gilbert Burnet & Nicholas Pocock, *The History of the Reformation of the Church of England, Vol. IV*, Oxford, 1865. pp. 207–216, quoted in

（34）P. Hughes, *op. cit.*, pp. 285–286, note 3. 25 Henry VIII, c. 13　また「ある種の企ては貧しい人々を取り扱うべくなされたが、他に、もしエンクロージャーを阻止しなくとも、そのプロセスから王のために或る利益を引き出すようにされた」とある（A. F. Pollard, *op. cit.*, p. 269）。

（35）A. G. Dickens & Dorothy Carr, *The Reformation in England to the Accession of Elizabeth I*, Edward Arnold, London, 1971. p. 94.

（36）J. Youings, *op. cit.*, pp. 149–152.　訳文中の〔　〕内の語句はヤングスによる補足、「……」で示された箇所は同じくヤングスによる語句の省略を意味する。さらに、指令〔九〕の（　）は原文のままであるが、他の（　）内の語句は訳者（工藤）による補足である。

（37）ローマ教皇の管轄権が撤廃されたとき、イングランド内における司教の管轄権から修道院が免れるということは、とりもなおさず、ローマ教皇の援助を除いて、あらゆる権威から修道院が解除されることを意味した。これによって修道院は完全に孤立するわけで、解散を熱望する国王ヘンリにとっては、誠に好都合と言わざるを得ない（A. F. Pollard, *op. cit.*, pp. 272–273)。

（38）他の扉は全部壁で塞がれる。正面入り口には門番が座り、主たるその職務は、「入ろうとするあらゆる種類の女性を追い払う」ことだった（P. Hughes, *op. cit.*, p. 291)。

（39）22 Henry VIII, c. 12

（40）公式に認められた多くの施し物は、修道院予算の約三パーセントに過ぎなかった。施し物は一年のうちの幾日か定められた日に、集まった貧民の糧食として主に消費されたが、これを施すことによって修道院は課税を免除されていたのである（M. Powicke, *op. cit.*, p. 26)。

（41）解散時、すべて身を修道生活に捧げた人々（Oblates)、すなわち両親によって修道院生活に捧げられた子供たちは解放され、これらの者たちは単なる少年として僧籍に入れられていたか、あるいは神のお召を思い違いしていたということを自認したのであり、それぞれの「資格」つまり世俗の衣服と四〇シリングが与えられた（H. Maynard Smith, *Henry VIII and the Reformation*, Macmillan, London, 1964. p.77）。

（42）日に一時間の聖書の講義に出席するためには聖歌隊の宗務より特別に免除されるとある（P. Hughes, *op. cit.*, p.291）ことから、また指令〔一七〕と考えあわせてみても、聖書のレッスンはかなり重視されていたことが明白である。

（43）第二回巡察・調査が行われた際にも会計録の作成が勧告された。註（20）参照。

（44）中世時代、「修道院登録簿」なるものが存在したが、この頃から新たな教区教会登録簿制定がクロムウェルによって計画されだした。このことは必ずしも修道院解散と直ちに結びつくものではない。詳細については、栗山義信「トマス・クロムウェル――制度上の二つの改革について――」(『岐阜史学』第五八号、一九七〇年)参照。

(45) ヒューズの前掲著書には「二〇歳」とある (P. Hughes, *op. cit.*, p. 291)。

(46) *Ibid.* この時、「委員の指令は、彼ら自身には、改革を企てるように思われた」(M. Powicke, *op. cit.*, p. 32)。傍点は筆者(工藤)による。

(47) たとえば、Cf. Eileen Power, *Medieval People*, Methuen & Co., London, 1950. pp. 62ff. 三好洋子訳『中世に生きる人々』(東京大学出版会、一九六九年)、一〇二頁以下参照。

(48) *C. E.*, p. 128.

(49) 掲載の指令には明確な形で示されてないが、指令〔二〇〕がこれに相当するものと思われる。

(50) P. Hughes, *op. cit.*, p. 291.

（51）　*Ibid.* 院長は英語で宗規に関する日々の講義を行うが、その講義の間それまでの宗規と照らし合わせながら、聖書から引用された宗教の諸原理——それらが称賛に値する限り——兄弟に教示し、引用箇所を示すこととされており、ここに修道士が修道院の儀式の価値を評価することが可能となるのであって、確かに新しい理論が認められるのである。

（52）　*Ibid.*, pp. 291–292.

（53）　*Ibid.*, p. 292.

（54）　Cf. *Ibid.*

（55）　H. M. Smith, *op. cit.*, p. 77.

（56）　P. Hughes, *op. cit.*, p. 292.

（57）　Cf. *C. E.*, pp. 127–128.

（58）　H. M. Smith, *op. cit.*, p. 77.

（59）　M. Powicke, *op. cit.*, p. 26.

（60） F. A. Gasquet, *op. cit.*, *II*, Appendix V, p. 548.

（61） J. Youings, *op. cit.*, p. 153. なお、書簡冒頭の省略部分で院長は指令を、「守り遵守するにやや困難で窮屈」な指令であると感想を述べている。同修道院の巡察使はレイトン博士 Dr. Layton だった。

（62） *Ibid.*, p. 149.

（63） Cf. *Ibid.*, pp. 166–167.

（64） Cf. C. H. Williams, ed., *English Historical Documents 1485–1558*, Eyre & Spottiswoode, London, 1971. p. 783. 貴婦人の中には、夫の出征中、あるいはローマに巡礼中、修道院に寄宿人として入る者もおり、そういう人々は、一年中修道院に住んでいた。田舎のジェントルマンや金持ちの市民は、自分の家の婦人が女子修道院に寄宿するのをなによりも喜んだからである (E. Power, *op. cit.*, p. 74. 三好洋子訳、前掲書、一一九頁)。

(65) M. Powicke, *op. cit.*, p. 26.
(66) H. M. Smith, *op. cit.*, p. 77.
(67) *C. E.*, p. 127. 原文は現在完了形。
(68) P. Hughes, *op. cit.*, p. 292.
(69) H. M. Smith, *op. cit.*, p. 77.
(70) D. Wilkins, *Concilia Magnae Britanniae et Hiberniae*, *4 vols.*, *Vol. III*, London, 1737. p. 786 以下に条項が掲載されている。
(71) Francis Aidan Gasquet, *Henry VIII and the English Monasteries: An attempt to illustrate the History of their Suppression*, *2 vols.*, *Vol. I*, John Hodges, London, 1838 (second edition). pp. 244-284.
(72) Dom David Knowles, *The Religious Orders in England*, *3 vols.*, *Vol. III: The Tudor Age*, Cambridge U. P., 1971. Chapter xxii.
(73) *Ibid.*, pp. 274-275. 傍点は筆者（工藤）による。

（74）「このように、国王至上権（Royal Supremacy）——それは既決事項（*chose jugée*）だったが——はさておき、聖ルイ St. Louis（ルイ九世：フランス王、カペー朝第九代、在位１２２６—７０）が発布しなかったかもしれず、また教皇インノケンティウス三世（在位１１９８—１２１６）が是認しなかったかもしれない何物かを、クロムウェルの指令の中に見出すことは難しい」（G. G. Coulton, *Five Centuries of Religion, vol. IV*, Cambridge, U. P., 1950. p. 661, quoted in D. Knowles, *op. cit.*, p. 275, note 1）。

（75）26 Henry VIII, c. 2: Stat. Realm, III, 492. なお、この法令の制定については、25 Henry VIII, c. 22: Stat. Realm, III, 471. Cf. C. H. Williams (ed.), *English Historical Documents 1485–1558*, Eyre & Spottiswoode, London, 1971. pp. 447–152.

（76）26 Henry VIII, c. 1: Stat, Realm, III, 492. Cf. C. H. Williams (ed.), *op. cit.*, pp. 745–746.

（77）第一回巡察（一五三四年秋―一五三五年）の際に、すべての修道士や修道女たちは誓いをたてさせられたのであり、誓いをたてさせられるのになんらかの困難を見出した人々というのは、自分たちの宗規を遵守することにもっとも実直な人々であった。つまり、カルトジオ修道会、ブリジッティンズ修道会（Bridgettines）、フランシスコ修道会に所属するメンバーだけで、この者たちは修道院人口のうちのほんの僅かな部分を構成していたに過ぎない（G. W. O. Woodward, *Reformation and Resurgence 1485-1603: England in the Sixteenth Century*, Blandford Press, London, 1963. pp. 75-76）。

（78）大修道院長は、修道院制度（Monasticism）のまさしくその起源から、常にこの点でリーズナブルな自由をエンジョイしていたのではなかったか？

（79）D. Knowles, *op. cit., Vol. III*, pp. 275-276.

（80）*Ibid.*, p. 276.

（81）「新学問」は、おのずからいくらかの大修道院長たちの間に浸透しており、さらにより若い修道士たちの間にまで影響を及ぼしつつあった。ヒュー・ラティマーHugh Latimer（１４８７—１５５５）——ヘンリ八世と最初の妻キャサリン・オブ・アラゴンとの離婚を認め、宗教改革を支持した聖職者——のごとき主教たちによって紹介された新しい「講演者たち」（〝Lecturers〟）は、混乱に加わってしまっていた（Maurice Powicke, *The Reformation in England*, Oxford U. P., 1967. pp. 32–33）。

（82）これはほとんど神徳（divinity）に関する講義の発展以上のものではなかった。また、聖書の強調は時代の動向だったことは言うまでもない。

（83）指令〔一八〕に関してノウルズは、「この長い条項が控えめに言い表され、修練長（Novice–Master）によって当然与えられるべき諸留保を伴って非公式に伝えられたならば、神学上非のうちどころのないものとなっていただろう」（D. Knowles, *op. cit.*, *Vol. III*, p. 276）と述べている。

（84）D. Knowles, *op. cit.*, *Vol. III*, p. 277.　実際に、巡察使たちは、王の総代理クロムウェルの権威で二四歳以下のすべての修道者を免職し、巡察が進行するにつれて新たに請願を行った者たちをもその修道誓願より免除したのである（*Ibid.*, p. 279）。

（85）D. Knowles, *The Religious Orders in England, 3 vols.*, *Vol. III: The Tudor Age*, Cambridge U. P., 1971. Chapter xxii.

（86）F. A. Gasquet, *Henry VIII. And the English Monasteries: An attempt to illustrate the History of their Suppression, 2 vols.*, *Vol. I*, John Hodges, London, 1888 (second edition). chapter vii.

（87）D. Knowles, *op. cit.*, *Vol. III*, p. 277.　大修道院長や修道院の管理役員による自由の濫用が疑いたくなる数世紀に及ぶ堕落とスキャンダルの主な原因であった……そして、いずれにしろそれは、ヨーロッパにあまねく幾世紀にも亘って使用されたことによりあたりまえのこととなり、公認された要求権を有していたのである。地方におけるカルトジオ修道会の修道士ですらも境内の外へ歩いて行くことが折に触れて許された（*Ibid.*）。

（88）*Ibid.*, p. 278.

（89）結局、大修道院長や小修道院長たちからの夥しい請願は……クロムウェルによって好意的に受理されたようである。クロムウェルは、あらゆる立場をいかにしてベストにするかを知っていたのであって、大修道院長たちは自由を得るために代金を支払わなければならなかったが、しかしそのような特免は、たとえ指令が初期の規律への復帰としてもともと意図されたとしても、ほとんどロジカルではないだろう（*Ibid.*）。

（90）Cf. *Ibid.*, p. 281.

（91）巡察が開始されてから三カ月たっていた。

（92）F. A. Gasquet, *op. cit.*, *Vol. II*, Appendix V, p. 550.

（93）D. Knowles, *op. cit.*, *Vol. III*, p. 285. ガスケは、この提案の意味を、

指令を文字通りに適用することによって、スキャンダルなしで、修道院の取り片付けが果たされる、というふうに巡察使のアプ・ライスが意図したものと解釈したようである。したがって、アプ・ライスがクロムウェルの最深の計画 (deepest designs) を実行にうつす腹心のエージェントだったというガスケの提唱は、これに基づいている。

（94）巡察使アプ・ライスの追伸は、H. Ellis, *Original Letters (three series, II vols.)*, No. III, London, 1824-46. ccciv; Cf. *Letters & Papers of Henry VIIII, 22 vols., Vol. IX*, No. 708.

（95）宗規に従うかあるいはやめるかという二者択一は、ほぼ三年後の一五三八年に托鉢修道会に申し出られ、望み通りの結果を成し遂げたが、しかし、三年さかのぼる議論は、変転極まりないその頃にあって、ほとんど力がない (D. Knowles, *op. cit., Vol. III*, p. 278)。

（96）D. Knowles, *op. cit., Vol. III*, p. 278.

(97) この点、バスカヴィルBaskervilleは、「国王の巡察使たちは徹底的に主教の巡察使たちの先例に倣った」(The royal visitors followed the precedents of episcopal visitors down to the last detail.) とすら陳述している。Geoffrey Baskerville, *English Monks and the Suppression of the Monasteries; The Bedford Historical Series; VII*, Jonathan Cape, London, 1972. p. 132.

なお、司教（言うまでもなく、この場合は「主教」と記述するわけにはいかない）による巡察の際の訴訟手続きについては、Cf. D. Knowles, *Religious Orders in England, Vol. I*, Cambridge U. P., 1948. pp. 81–83.

ところで、≪二五指令≫に関する限りでは、個々のケースに直面すべく巡察の終了後に案出され、数週間ないし数カ月のインタバルをおいて、それぞれの修道院に向けて発布されたのではなくて、おそらく、印刷されたブロードシートが巡察使たちに持ち歩かれたのであり、巡察使が調査を終えて修道院を去る直前に、つまり、多分巡察使の修道院到着後ほんの数時間後に修道院に突き付けられたのであり、そしてそれは、全部同一のものであった (D. Knowles, *op. cit.*, *Vol. III*, p. 279) と考えられるが、実際には条項の一部が合体されるなど、多少変更されたものもあった。この点だけは主教による巡察とは異なっていたようである。

（98）栗山義信「イギリス修道院解散序説」（岐阜大学教育学部研究報告、人文科学、第24巻、一九七六年）参照。

（99）この遅れについての原因は不明。しかし、順序として十分の一税の基礎を準備するための調査委員《コミッショナー》にはっきりとした道を与えるために引き止められたことは確かのようである。またクロムウェルは、一五三五年晩春は、カルトジオ修道会の審問および裁判、それにフィッシャーとモアの裁判で忙殺され、そのために巡察開始の合図を与えるに至るまでに数週間遅れたようである。Cf. D. Knowles, *The Religious Orders in England, Vol. III,* Cambridge U. P., 1971. p. 268.

(100) 羊や貯蔵品、つまり、最小限の困難で現金に換えられる資本は、修道院の丘陵地（Downs）や共同放牧地（Commons）から消失しつつあった。また土地は、長期間契約の高額の上納金（Fine）で賃貸《リース》され、プレート（Plate）や宝石（Precious Stones）は売却されるか隠された。Cf. *Ibid.*, p. 268.

(101) H. Maynard Smith, *Henry VIII and the Reformation*, Macmillan, London, 1964. p. 75.

(102) D. Knowles, *op. cit., Vol. III,* p. 274.

(103) H. M. Smith, *op. cit.*, p. 75.

(104) A. G. Dickens, *The English Reformation,* Schocken Books, New York, 1969. pp. 141-142.

(105) G. Baskerville, *English Monks and the Suppression of the Monasteries*, London,

1972. p. 124.

（106） T. Wright, *Suppression of the Monasteries*, Camden Society, 1843. p. 96, quoted in H. M. Smith, *op. cit.*

（107） F. Pollard, *Henry VIII*, Longmans, London, 1968. p. 270.

（108） R. W. Dixon, *History of the Church of England, 6 vols, Vol. I*, p. 337. *et passim*, quoted in H. M. Smith, *op. cit.*, p. 76.

（109） H. M. Smith, *op. cit.*, p. 75.

（110） G. Baskerville, *op. cit.*, p. 125.

（111） Philip Hughes, *The Reformation in England, 3 vols., Vol. I: The King's Proceedings*, Hollis & Carter, London, 1956. p. 284.

（112） A. G. Dickens, *Thomas Cromwell and the English Reformation*, English Universities P., London, 1972. p. 128.

（113） H. Ellis, *Original Letters, three series, 11 vols*, London, 1824-1846,

Vol. III, 3, *No. ccclii*（一五三九年九月十六日）。Cf. D. Knowles, *The Religious Orders in England*, *Vol. III*, p. 380.

（114）F. A. Gasquet, *op. cit.*, *Vol. II*, Appendix V, p. 552.

（115）マタイ伝、二二：一以下参照。

（116）‘Simeon was never so glade to se Chryst his master, as I shalbe to se your Lordeship in this your owne house, and all that ever shalbe in hit for my lyffe.’（H. Ellis, *op. cit.*, *Vol. III*, 3, *No. cclxxx*, quoted in D. Knowles, *op. cit.*, *Vol. III*, p. 271, note 2）

（117）P. Hughes, *op. cit.*, *Vol. I*, p. 284.

（118）T. Wright, *op. cit.*, p. 157, quoted in H. M. Smith, *op. cit.*

（119）D. Knowles, *op. cit.*, *Vol. III*, p. 271.

（120）「政治史家がふつう用いる資料は——なかでも、当時（テューダー朝時代＝工藤註）の人々から王に差し出された書簡はとくに——、王や王妃に対する恐れ憚ったお世辞に満ちている」(G. R. Elton, *Political History: Principles and Practice*, Basic Books, New York, 1970. 丸山高司訳『政治史とは何か』みすず書房、一九七四年、四二頁)。

(121) レイトンが元気のある書状を書きまくったとき、それらが来たるべき数世紀以内に修道士たちの公判で訴訟事件の評議を行う際に主要な調書となることになるなどとは、彼は予知し得なかった。だが、事実上、それらは、おそらく正式な修道院の調査結果書(Comperta)のそれ以上に、歴史家たちの潜在意識に大きな影響を及ぼしており、疑いなく後者(潜在意識=工藤註)をすごく高めている(D. Knowles, *op. cit.*, *Vol. III*, p. 272)。

(122) F. A. Gasquet, *op. cit.*, *Vol. II*, Appendix V, p. 562.

(123) T. Wright, *op. cit.*, pp. 53–55, quoted in G. Baskerville, *op. cit.*, p. 125.

(124) F. A. Gasquet, *op. cit.*, *Vol. II*, Appendix V, p. 551.

（125）G. Baskerville, *op. cit.*, p. 125.

（126）T. Wright, *op. cit.*, pp. 70–72, quoted in G. Baskerville, *op. cit.* 実は大学の学生監たちが決して成し遂げることができなかったものを、彼が国王の巡察使として成就することができた。

（127）D. Knowles, *op. cit.*, *Vol. III*, p. 272.

（128）G. Baskerville, *op. cit.*, p. 126.

（129）ノーフォーク公は、リーを「邪悪な男」（'vicious man'）として描写している。

（130）G. Baskerville, *op. cit.*, p. 126.　リーは、ケンブリッジ大学キングズ・カレッジの他に、姉妹校であるイートン校 (Eton College) にも学んだようである。

（131）State Papers, ix, 622–630, quoted in H. M. Smith, *op. cit.*

（132）リーは、不道徳な修道士を告発したのみならず、自分が修道女たちに行った不潔な提言についても有名だった（Nicholas Sanders, *The Anglican Schism, translated by Lewis*, Burns & Oates, 1877. p.130, quoted in H. M. Smith, *op. cit.*）。

（133）T. Wright, *op. cit.*, p.57, quoted in H. M. Smith, *op. cit.*, p.77; G. Baskerville, *op. cit.*, p.126.

（134）リーは、修道院の巡察使として悪名を残した。リー自身の略奪する分担は、カンバーランドCumberlandのカルダーCalderシトー派修道院とヨークシャーのノステルNostell小修道院だった（P. Hughes, *op. cit.*, *Vol. I*, pp.284-285.）。

（135）P. Hughes, *op. cit.*, *Vol. I*, p.284.

（136）G. Baskerville, *op. cit.*, p.126.

（137）F. A. Gasquet, *op. cit.*, *Vol. II*, Appendix V, p.550.

（138）G. Baskerville, *op. cit.*, p.126.

（139）F. A. Gasquet, *op. cit.*, *Vol. II*, Appendix V, p. 563.
（140）G. Baskerville, *op. cit.*, p. 126.
（141）*Ibid.*, p. 128.
（142）D. Knowles, *op. cit.*, *Vol. III*, p. 273.
（143）A. Gasquet, *Henry VIII and the English Monasteries*, *I vol.*, Bell, 1906. p. 83, quoted in H. M. Smith, *op. cit.* われわれは、ライス自身の書簡から、これは本当であったと推断してよいだろう。
（144）G. Baskerville, *op. cit.*, p. 128.
（145）A. Gasquet, *op. cit.*, *Vol. II*, Appendix V, p. 548.
（146）ライスは、いわゆるウェールズ人牧師サー・ヒュー・エヴァンズ Sir Hugh Evans のパトロンとして文学史上に登場するが、これは間違いであり、このときすでにライスは死亡していたと思われる。
（147）P. Hughes, *op. cit.*, *Vol. I*, p. 285.

（148）A. Gasquet, *op. cit.*, *Vol. I*, p. 163, quoted in H. M. Smith, *op. cit.* 例のロンドン博士が、ニュー・カレッジ財産の油断のない行政官だったというのは、一五三八年二月二十一日付でクロムウェルへ宛てられた彼の書簡によって示されている。その部分を抜粋すると、「私のカレッジがColerne（ウィルトシャー）で所有しておりますような隷農（Bondmen）を庇って解放するようにとの貴官の手紙にお答えいたしますと、土地か隷農かのいずれかを疎んじますことはカレッジの規則に違反いたします」(Letters & Papers of Henry VIII, Vol. XIII, (1), No. 324, quoted in G. Baskerville, *op. cit.*）ということであった。しかし、この種のことを近代自由主義とか革新主義的な諸傾向と結びつけて考えることは誤りであって、これはむしろ逆に、ロンドンの隷農に対する思いやりから発したものと考えられる。

（149）P. Hughes, *op. cit.*, *Vol. I*, p. 285.

（150）ロンドンが信仰していた宗教は、しきたり通りに保守的なものだったのであり、デカルト Descartes によれば、おそらくそれは彼の王（ヘンリ）のもので、かつまた乳母のものだったという。

（151）また、一五四三年におけるウィンザーの異端起訴で三人のプロテスタントが火刑にされたのであるが、この事件も主にロンドンが関係していた。

（152）クロムウェルはこのことを知っていた。だが、ロンドンが大変へつらう人物であるということとニュー・カレッジ学長であるということが彼を救ったようである。

（153）Cf. Jon Foxe, *Acts and Monuments, 8 vols.*, Catley's edition, Seeley, 1841. *Vol. V*, p. 221; J. Strype, *Thomas Cranmer, 2 vols.*, Clarendon Press, 1840. *Vol. I*, pp. 356, 375.

（154）G. Baskerville, *op. cit.*, p. 127.

（155）*Ibid.*; T. Wright, *op. cit.*, p. 228. 傍点は筆者（工藤）による。いずれ

にせよ、レイトンよりはましな人物だったようである。書簡の一例（抜粋）を紹介するならば、「ノーサンプトン Northampton 近傍のデ・ラ・プレ De la Pre 女子修道院の院長は王のためによく働きましたかなりの年齢のご婦人でございます……彼女らの年金のために、彼女とその貧しい修道女たちにとりまして慈悲深きご主人であられますように」というふうに、修道女たちに十分な年金の支給を批准するようにクロムウェルに懇願している（G. Baskerville, *op. cit.*, pp. 127–128.）。

（156）G. Baskerville, *op. cit.*, pp. 127.
（157）T. Wright, *op. cit.*, pp. 40–49, quoted in H. M. Smith, *op. cit.*
（158）D. Knowles, *op. cit.*, *Vol. III*, p. 274, note 1.
（159）A. Gasquet, *op. cit.*, *Vol. II*, Appendix V, p. 552.
（160）Cf. *Ibid.*, pp. 551, 549.
（161）*Ibid.*, p. 559.

(162) T. Wright, *op. cit.*, pp. 89, 98, quoted in H. M. Smith, *op. cit.*

(163) G. Baskerville, *op. cit.*, pp. 129.

(164) Cf. A. L. Rowse, *Tudor Cornwall*, London, 1941. pp. 187-193; D. Knowles, *op. cit.*, *Vol. III*, p. 273.

(165) G. Baskerville, *op. cit.*, p. 128.

(166) P. Hughes, *op. cit.*, *Vol. I*, p. 285.

第３章　第三回巡察状況

第１節　書簡から見た巡察状況

修道院の第三回巡察には、大別していくつかの分担があった。すなわち、エリス・プライス博士 Dr. Ellis Price は、ウェールズの修道院を改革するために派遣され[1]、ウェールズ内だけで働いた[2]。

四つの托鉢修道会の巡察に関しては、ドミニコ修道会のジョン・ヒルシー John Hilsey とアウグスティヌス修道会（Augustinian）のジョージ・ブラウン博士 Dr. George Brown とがすでに選出されていた[3]。

ギルバート修道会（Gilbertine）に属するすべての修道院の巡察は、同修道会の支配人であるリンカンシャーのセンプリンガム Sempringham 修道院の院長に一任されたようである。[4]

その他のイングランド全域は、前述の四人（リチャード・レイトン、トマス・リー、ジョン・アプ・ライス、ジョン・ロンドン）を中心として巡察が行われたのである。レイトン博士とリー博士とは、一五三五年七月から十月までの間は、イングランド南部および西部地方の全修道院を、続く同年十月から翌年の一五三六年二月までの間は、グレート・ミッドランド地方のリッチフィールド Lichfield 管区に属する修道院、およびヨークの大主教管区内の諸管区の全修道院を巡察した。[5] その間の巡察使の行程ないし巡察状況は、一体いかなるものだったのであろうか。ここでは、レイトン、リー、アプ・ライスおよびトレゴンウェル Tregonwell――ジョン・ロンドンを含まない――ら四人の代表的な巡察使による以上の巡察行程を、〔表4〕および〔地図A〕（巻末掲載）によって概観できる。

〔表4〕4人の巡察使の巡察行程（略表）

	リチャード・レイトン	トマス・リー	ジョン・アプ・ライス	トレゴンウェル
1535年 7月28日	サイレンシスター大修道院〔A.,グロスタシャー〕			
29日		ウースター大聖堂修道院〔B.,ウースターシャー〕		
30日		同		
31日		同		
		グレート・マルバーン小修道院〔B.,同上〕		
8月 1日	イーブシャム大修道院〔B.,ウースターシャー〕	＊マームズベリー大修道院〔B.,ウィルトシャー〕	＊マームズベリー大修道院〔B.,ウィルトシャー〕	
	テュークスベリー大修道院〔B.,グロスタシャー〕	ブラッドストック小修道院〔A.,ウィルトシャー〕		
3日			エディントン〔H.,ウィルトシャー、――〕	
7日	バース大聖堂修道院〔B.,サマセット〕			
	ファーリー小修道院〔Cl.,ウィルトシャー〕			
	ケインシャム大修道院〔A.,サマセット〕			
	メイデン・ブラッドリー小修道院〔A.,ウィルトシャー〕			
	ウィザムまたはセルウッド〔Carth.,サマセット〕			
20日	ブルートン大修道院〔A.,サマセット〕	＊レイコック大修道院〔A(n),ウィルトシャー〕	＊レイコック大修道院〔A(n),ウィルトシャー〕	
23日	グラストンベリ大修道院〔B.,サマセット〕	ブルートン大修道院〔A.,サマセット〕		
24日	同	同		
25日	ブリストル〔A.その他、グロスター〕			
9月 3日		＊ウィルトン〔B(n),ウィルトシャー〕	＊ウィルトン〔B(n),ウィルトシャー〕	
11日		＊ホアウェル〔B(n),ハンティンドン〕	＊ホアウェル〔B(n),ハンティンドン〕	
12日	＊オックスフォード〔A.B.C など、オックスフォード〕			＊オックスフォード〔A.B.C など、オックスフォード〕
	＊オセニー大修道院〔A.,オックスフォード〕			＊オセニー大修道院〔A.,オックスフォード〕

13日	アビンドン大修道院〔B.,バークシャー〕	？ウォルサム大修道院〔A.,エセックス〕		
15日	ウィンチェスター〔B.B(n)など、ハンティンドン、クロムウェルと一緒〕			
22日	セント・メアリー・オーヴェリー〔A.,サリー〕			オックスフォードとバックスの周囲 ゴッドストウ〔B(n)〕・アイネシャム大修道院〔B.〕・ブルーン大修道院〔C.〕・クレッターコート小修道院〔G.註①〕…以上オックスフォード ケイツビー〔B(n)〕・アシュビーキャノンズ小修道院〔A.〕・チャコム小修道院〔A.〕…以上ノーサンプトン ＝27日以前に巡察。
24日	デュアフォード大修道院〔P.,サセックス〕	＊ウィントニー〔C(n),ハンティンドン〕	＊ウィントニー〔C(n),ハンティンドン〕	
25日	ウェイバリー大修道院〔C.,サリー〕	リーディング大修道院〔B.,バークシャー〕		
		チャートシー大修道院〔B.,サリー〕		
27日				スタッドリー〔B(n),オックスフォード〕
28日	シュールブリード小修道院〔A.,サセックス、――〕	＊ハリウェル〔B(n),ミドルセックス〕	＊ハリウェル〔B(n),ミドルセックス〕	
	イーズバーン〔B(n),サセックス〕			
29日		マートン小修道院〔A.,サリー〕		
		＊ウェストミンスター大修道院〔B.,ミドルセックス〕	＊ウェストミンスター大修道院〔B.,ミドルセックス〕	
10月　1日	ボックスローブ小修道院〔B.,サセックス〕			
2日	ルイス小修道院〔Cl.,サセックス〕			
	バトル大修道院〔B.,サセックス〕			
16日	レイストン大修道院〔P.,サフォーク〕	＊ウォードン大修道院〔C.,ベッドフォード〕	＊ウォードン大修道院〔C.,ベッドフォード〕	
	ドーバーの聖マーチンズ〔C(n),ケント〕			
17日		＊ロイストム小修道院〔A.,ハートフォードシャー〕	＊ロイストム小修道院〔A.,ハートフォードシャー〕	
	フォークストン小修道院〔B.,ケント〕			

19日		サフラン・ウォールデン大修道院〔B.,エセックス〕		
21日		＊ケンブリッジ（至30日）	＊ケンブリッジ（至30日）	
22日		デニー〔Fr(n),ケンブリッジ〕		
23日	カンタベリーCh. Ch.大聖堂修道院およびセントオーガスティンズ〔B.,ケント〕			
	バーモンジー大修道院〔B.,サリー〕			
	セント・メアリー・オーヴェリー〔？〕			
	メードストン〔Franc.,ケント、——〕			
	フェイバーシャム大修道院〔B.,ケント〕			
27日	ロチェスター大聖堂修道院〔B.,ケント〕	スワファム〔B.,ケンブリッジ〕		
30日		デニー〔Fr(n),ケンブリッジ〕		
31日	リーズ小修道院〔A.,ケント〕			
11月 1日		＊イーリー大聖堂修道院〔B.,ケンブリッジ〕	＊イーリー大聖堂修道院〔B.,ケンブリッジ〕	
4日		＊ベリー・セント・エドマンズ〔B.,サフォーク〕	＊ベリー・セント・エドマンズ〔B.,サフォーク〕	アセルニー大修道院〔B.,サマセット〕
		＊デレハム〔P.?,ノーフォーク〕	＊デレハム〔P.?,ノーフォーク〕	
		＊ホーシャムのセント・フェイスズ〔B.,ノーフォーク〕	＊ホーシャムのセント・フェイスズ〔B.,ノーフォーク〕	
		＊クラブハウス〔A(n),ノーフォーク〕	＊クラブハウス〔A(n),ノーフォーク〕	
8日				8日以前に、クリーブ大修道院〔C.,サマセット〕
9日				バーリンチ小修道院〔A.,サマセット〕
11日		＊ウェスターカー小修道院〔A.,ノーフォーク〕	＊ウェスターカー小修道院〔A.,ノーフォーク〕	
19日		ノリッジ大聖堂修道院〔B.,ノーフォーク〕		
27日		イプスウィッチ小修道院〔A.,サフォーク〕		
		セント・オシス大修道院〔A.,セックス〕		
12月12日	シオン〔Bridg.,ミドルセックス〕			
	チックサンド〔G.,ベッドフォード〕			

	ハロルド〔A(n),ベッドフォード〕			
	セント・アンドリュース小修道院〔Cl.,ノーサンプトン〕			
22日	レスター大修道院〔A.,レスター〕	ソートル大修道院〔C.,ハンティンドン〕		
23日		ヒンチンブルック〔B(n),ハンティンドン〕		
	リッチフィールド〔Franc.,スタッフォード〕			
	トレントサイド(トレンサム)〔A.,スタッフォード〕			
1536年1月13日	*ヨーク〔B.G.など、ヨークシャー〕	*ヨーク〔B.G.など、ヨークシャー〕		
	ファウンティンズ大修道院〔C.,ヨークシャー〕			
20日	*リッチモンド〔B.,ヨークシャー〕	*リッチモンド〔B.,ヨークシャー〕		
	*ダラム大聖堂修道院〔B.,ダラム〕	*ダラム大聖堂修道院〔B.,ダラム〕		
26日	*ニューカッスル〔B(n)? ノーサンバランド〕	*ニューカッスル〔B(n)? ノーサンバランド〕		
2月 2日	*ウィットビー大修道院〔B.,ヨークシャー〕	*ウィットビー大修道院〔B.,ヨークシャー〕		
3日	同			
	ギズバーン小修道院〔A.,ヨークシャー〕			
		ハル〔Carth.その他。ヨークシャー〕		
7日	ヨーク			
8日	同			
	マートン小修道院〔A.,ヨークシャー〕	マウント・グレース〔Carth.,ヨークシャー、——〕		
9日	ファウンティンズ大修道院〔C.,ヨークシャー〕			
10日	同			
	*リッチモンド	*リッチモンド		
	*カーライル大聖堂修道院〔A.,カンバーランド〕	*カーライル大聖堂修道院〔A.,カンバーランド〕		
28日	*ラドロー〔Carm.,サロップ〕	*ラドロー〔Carm.,サロップ〕		

第３章　第三回巡察状況

1　表の見方

① 表中の〔　　〕内に——線が施されている修道院は、所在の州が分かるだけで、具体的な所在地が不明のため、地図に示されてないことを意味する。

② 表中の「＊」印の修道院は、表中の他のコミッショナーと一緒に行った巡察箇所。

③ 表中のA.B(n)等の略語については、本書４頁の〔凡例〕参照。

④ 表中の註①（１５３５年９月２２日、トレゴンウェルの欄）——クレッターコート小修道院は、オックスフォードシャーにあるらしいのであるが、ガスケの地図では明らかにウォリックシャーに入っており、誤記と思われる（Cf., A. G. Dickens and Dorothy Carr, *The Reformation in England to the Accession of Elizabeth I: Documents of Modern History*, Edward Arnold P., London, 1971. p.94)。

2　〔地図A〕および〔表４〕は、次の文献により作成

○Dom David Knowles, *The Religious Orders in England, Vol. III, The Tudor Age*, Cambridge U. P., 1971. pp.476-477.

○A. G. Dickens and Dorothy Carr, *The Reformation in England to the Accession of Elizabeth I: Documents of Modern History*, Edward Arnold P., London, 1971. pp.94-97.

○Francis Aldan Gasquet, *Henry VIII. And the English Monasteries: An Attempt to illustrate the History of their Suppression*, John Hodges, London, *Vol. I*, 1888. pp.471-478. *Vol. II*, 1889. pp.546-564.

○F. A. Gasquet, *English Monastic Life*, Kennikat P., New York, 1971. pp.251-318.

レイトンは、一五三五年七月下旬から八月にかけて、グロスタシャーGloucestershire、ウースターシャーWorcestershire、サマセットシャーSomersetshire、ウィルトシャーWiltshire など、西部諸州の巡察を終了し、九月十二日には、オックスフォードに赴いている。ここでトレゴンウェルと合流し、一緒に調査した。レイトンは、この市の王立調査委員《コミッショナー》の中心的人物だった[6]。同様に、リーはケンブリッジの巡察における中心的人物だったが[7]、彼リーは、十月二十一日にはケンブリッジに到着し、そのまま三十日まで同市に逗留していたようである。また彼は、少なくとも、一五三五年十一月までは主にアプ・ライスと行動を共にした[8]。そして十二月中旬、おそらくベッドフォードシャーBedfordshiere のチックサンド Chicksand 女子修道院（十二月十二日巡察）でレイトンに随行して北部の巡察へと赴いたと考えられる（十二月二十二日付、クロムウェル宛レイトンの書簡[9]）。

しかしまたリーは、〔表4〕には示されてないが、一五三五年十月以前の南部の巡察においても、レイトンと共に仕事をしているのである。[10] その時の状況をレイトンは、クロムウェルに書簡（日付不詳）を送って、次のように報告している。

ここ（南部イングランド）には修道院、僧庵、小修道院もないし、北にもまた他のいかなる宗教的建造物もありません。しかも、リー博士と私とはこの一〇マイルないし二〇マイル以内はよく存じておりますので、この地域で私たちに隠蔽できる不埒な行為はありません。[11]（There is neither monastery, cell, priory, nor any other religious house in the north, but Dr. Legh and I have familiar acquaintance within ten or twelve miles of it, so that no knavery can be hid from us in the country.)

さらにレイトンは、八月二十日に、サマセットシャーのブルートン大修道院

(Bruton abbey)、同二十三および二十四日には、グラストンベリ大修道院(Glastonbury abbey) を巡察したが、その時の報告は次のようなものであった。なお、巡察とは直接関係ないことではあるが、グラストンベリ大修道院は、おそらく六世紀前半に建立されたイングランド最古の修道院ではないかと言われる(青山吉信『グラストンベリ修道院 歴史と伝説』山川出版社、一九九二年、一六頁。解散後の廃墟としては、本書巻頭および214頁の写真資料参照)。

目につくことは、何もありません。兄弟は非常に厳格に保たれておりますので、過失を犯すことは不可能であります。けれども、もし犯してもよいと言ったならば、彼らは喜んで犯すことでしょう。でも彼らが告白しますように、そのような過失は彼らのものではありません。[12] (There is nothing notable; the brethren be so strictly kept that they cannot offend, but they fain would if they might, as they confess, so the fault is not theirs.)

巡察使たちが、修道士の不名誉となる行為を何も発見できなかった場合は[13]、彼らは、いかなる手段を講じたかというと、歴史家スミスはこう言っている。「彼らは修道士に『迷信家』のレッテルを貼ることができた[14]」（They could label him 'superstitious'.）と。事実、アプ・ライスは、十一月四日にリーと一緒に巡察したサフォーク Suffolk のベリーセントエドマンズ Bury St. Edmund's の大修道院長を、その書簡の中で次のように報告している。

院長はと言えば、彼の暮らしに関しては疑いは何も見当たりませんでした。しかし、彼は自分の邸宅内に多く居住して、サイコロ遊びやトランプ遊びをしてたいそう楽しみ、その中で多額の掛金が費やされ、己の道楽に耽っているということが分かりました。院長は公に説教はしませんでした。また、種々の農場をコピーホールドに変換したことについて[15]、貧しい人々は苦情を申し立てております。彼はまた、以前用いられたような然るべき迷信の儀式を擁護する耽溺者であるように思われます[16]。(As for the abbot, we found nothing suspect as touching his living, but it was detected that he lay much forth in his granges, that he delighted much in playing at dice and cards, and therein spent much money, and in building for his pleasure. He did not preach openly. Also that he converted divers farms into copyholds, whereof poor men doth complain. Also he seemeth to be addict to the maintaining of such superstitious ceremonies as hath been used heretofore.)

巡察使たちは、右の書簡からも分かるように、修道院の不都合や悪い点をなんとか探し出そうと苦心している。この点確かに、歴史家ヒューズは、「彼らが見る所は、どこでもただ悪徳だけを見つけた[17]」(found nothing but vice wherever they looked.)と言っている。リーとレイトンによって摘発された——[18]特に北部地方において——多くの同性愛の嫌疑は、悪意により増幅されたのである。

また巡察使たちは、しばしば聖遺物を強力に否定した。レイトンは、八月七日、巡察したウィルトシャーのメイデン・ブラッドリー小修道院 Maiden Bradley priory で摘発された聖遺物を、八月二十四日付のクロムウェル宛書簡の中で次のように述べている。

　この持参人であります私の従者に託して、閣下に聖遺物を送ります。第一にクリスマスイブに〔キリストが誕生する時間に〕萌芽し、成長し、開花する二本の花……、神の外套、聖母マリアの肌着、神の夕食の一部……、〔ベツレヘムでイエスが生まれたときの飼葉桶の石の破片〕……。[19] (By this bringer my servant, I send you relics; first, two flowers …… that on Christmas eve, 〔in the hour on which Christ was born〕, will spring and burgeon and bear blossoms, …… God's coat, Our Lady's smock, part of God's supper …… 〔part of the stone of the manger in which was born Jesus in Bethlehem〕…

…）

さらにレイトンは、同年、八月二十日付、サマセットシャーSomersetshireのブルートン大修道院Bruton abbeyの巡察においても、聖遺物に関する同様の趣旨の書簡をクロムウェルに送っている。

聖母の帯——赤い絹——もまた閣下に送ります。これは巡業する婦人たちに授けられる真面目くさった聖遺物で、〔出産時に〕流産を防ぐというものであります。マグダラのマリアの帯もまた閣下に送ります……。私は金銀の十字架を持っておりますが、後日そのいくつかを閣下に送ります……。[20]（I send you also Our Lady`s girdle, red silk, which is a solemn relic sent to women travelling, which shall not miscarry 〔in childbirth〕. I send you also Mary Magdalen`s girdle …… I have crosses of silver and gold, some which I send you not now ……)

アプ・ライスも、前掲の書簡の中で、十一月四日にリーと一緒に巡察したサフォーク Suffolk のベリーセントエドマンズ大修道院 Bury St. Edmund's の聖遺物を次のように摘発している。

聖遺物の中に、私たちは、多くの虚飾と迷信を見出しました。セントローレンスが焼かれたときの木炭に加え、聖エドマンドの爪の切れ端、カンタベリーの聖トマスの小刀と長靴、それに頭痛防止用の種々の頭蓋のようなものです。まる一つの十字架を構成できる神聖な十字架の断片、他、雨を降らせる聖遺物や確実に迷信的な道具……、これらは修道院の最高の部類に属し、かつ最高の学識と判断に属するでしょう。[21]（Amongst the relics we found much vanity and superstition, as the coals that Saint Laurence was toasted withal, the pareing of St. Edmund's nail's, St. Thomas of Canterbury's penknife and his boots, and divers skulls for the headache; pieces of the holy cross able to make a whole cross of; other relics for rain and certain other superstitious usages, … and they be of the best sort in the house and of best learning and judgment.)

修道院に保管されていた迷信的な聖遺物は、たとえそれが全体から見て大変無害なものであるとしても、実際に非常に夥しい数にのぼった。かかる無邪気なマジックは、キリストを中心に据える信仰を欲する人々には、不快だったと言われる。[22] しかし、聖遺物は多くの貧しい人々を慰めたに違いないし、[23] 中世以来、無知な信者が、否、普通の信者でさえも、聖遺物に巡礼することがむしろ習わしとなっていたのである。[24] 修道院や教会は、古くは、東方のビザンツ帝国（東ローマ帝国：３９５―１４５３）などから聖遺物を輸入し、それを修道院や教会の権威づけや運営資金作りに利用したのである。「巡礼」とは、従来のキリスト教やカトリックでは、ほかならぬ聖人の墓や聖遺物崇拝巡りであり、多くの巡礼者が訪れることが、修道院や教会の繁栄を支えたのである。たとえば、先のグラストンベリ修道院では、境内から偶然アーサー王の墓が発見されたと伝えられ、墓から掘り出されたアーサー王の頭蓋骨――実際は子馬の頭蓋骨――が聖遺物として祭られていた（青山吉信、前掲書）。これこそが、キリスト教（カトリック教）信仰の重要な一面であり、むしろ実態だった。しかるにこの頃になると、一般にこうした聖遺物の真偽が疑われるようになっていたことは確かである[25]。≪二五指令≫のうち、最後の方にまわされた曖昧な語句、すなわち指令〔二三〕は、かかる時勢に鑑み、巡察使たちにそれへの注意を促したものと考えられる[26]。と同時に、そのことは取りも直さず、「聖遺物を摘発せよ」との指令でもあったという印象を強くするのである。さらに、書簡の傍点（工藤による）部分であるが、この表現・書き方は一体何を意図しているのであろうか？

〔表５〕北部の巡察における調査結果

			良い評価	悪い評価
男子修道院	８１	大：３０	５	２５
		小：５１	１４	３７
女子修道院	３１	大：１７以下	１４	１７
		小：１４以上		
合　　計	１１２		３３	７９

出典：Philip Hughes, *The Reformation in England, Vol. I, The King's Proceedings,* London, 1956. pp. 288-289 より作成。

グラストンベリ大修道院の廃墟

出典：F. A. Gasquet, *The Last Abbot of Glastonbury and Other Essays*, Books for Libraries Press, New York.1970.

次に、北部地方の巡察状況を別の観点から概観する。北部とは、大体、ノーサンバランドNorthumberland、ダラムDurham、カンバーランドCumberland、ウェストモーランドWestmoreland、ランカシャーLancashire、ヨークシャーYorkshire、チェシャーCheshire、ダービーシャーDerbyshire、スタッフォードシャーStaffordshireおよびウォリックシャーWarwickshireの一部を指している。(27)

これらの地域は、翌一五三六年に入ってから、主にレイトンとリーが一緒に巡察している。〔表5〕に示したように、北部では、八一の男子修道院と三一の女子修道院の宗教生活が報告されている。表からも分かるように、合計一一二の修道院のうち、七九（約71％）が「悪い」修道院と判定された。それらのうち、男子修道院の内訳をみると、大修道院が「良い5」に対して「悪い25」であり、小修道院が「良い14」に対して「悪い37」となっている。つまり、大修道院が小修道院よりむしろ悪い状況と評価されたことが分かる。「まさに報告書それ自体の外観からすれば、『小修道院』は、一つの階級《クラス》として、『大修道院』より道徳上より健全だった」[28]（On the very report's own showing, the 'lesser' houses were, as a class, morally healthier than the 'greater'.）と言うことになる。

また、東部地方（イースト・アングリア）では、一〇六の男子修道院と三六の女子修道院――すべて小修道院とある――内の宗教生活が報告されているが、北部地方のそれとほぼ類似の結果を得たと思われる。[29] この点については、第4章でさらに詳しく検討してみたい。

いずれにせよ、〔表4〕および〔地図A〕（巻末掲載）からも明白なように、「これらの男たち（巡察使たちをさす＝工藤註）の巡察する速さは、中世の司教でも速い者のそれよりもしばしば勝ってさえおり、それゆえ、何か真に不平や非難を精査する（余裕を）可能にしたとはあまり思われない」[30]（The speed with which these men perambulated the monasteries was often even greater than that of a hasty medieval bishop, and hence even less likely to have permitted any real sifting of complaints and accusations.）。ディケンズはこの巡察を、「値段も安いが品物も悪い巡察」[31]（cheap and nasty visitation）と酷評している。

第2節　宗教家たちによる宗教生活の選択

大聖堂参事会員（Canons）たちは、宗教改革のための宗教儀式に反目して参りました。それについて主教はその最後の巡察で避けられない種々の指令をお与えになりました……。それによって彼ら〔参事会員たち〕は、痛く悲しみ、私の意志と承諾なしにその大部分の者が資格を得たまま去るつもりでおります。[32]（Against the order of religion …… for the reformation thereof the bishop at his last visitation gave certain and divers injunction, …… wherewith they 〔the canons〕 be sore grieved and intend the most part of them to depart with capacities without my consent and will.）

右の史料文は、一五三五年五月二十五日付、コーンウォールにあったボドミン小修道院 Bodmin priory（アウグスティヌス修道会）[33]の院長からチープサイド Cheapside の織物商人ロック Lock 氏に宛てられた書簡の一部である。院長は、ロック氏を仲介者として、クロムウェルに修道会から離脱しようとする修道士たちの阻止という問題処理を依頼した。[34]書簡からも明らかなように、すでに、「解散」がまだ公式に宣言されないうちに、修道会から去って俗僧（修道院に住まない教区付司祭）としての聖職禄を得ようとする宗教家がいたことを示すものである。かかる選択をした宗教家は決して多くはなかったが、この時点で――≪教会財産査定録≫の編纂および十分の一税の基礎準備のための第二回巡察――いたことは驚きである。

第三回巡察においても、宗教生活を教区付司祭（教区在住聖職者：Secular Clergy）の生活と交換したいという依頼が出ている。殊に北部地方では、一二の小修道院から二八人、一一の大修道院から三六人、合計六四人の志願者が出た。[35]

そしてまた、この請願は、不思議なことに、「スキャンダラス」な修道院からはまったく出ていない。(36)

僧職の資格を得たまま修道院から去って、教区付司祭（教区在住聖職者）としての生活をおくることを申し出た者とは別に、宗教生活からの解放、すなわち還俗《げんぞく》を選択する者もいた。この時点で、修道女がわずかに三人いた。それは良い修道院と認定されたヨークシャーのクレメントソープ Clementhorpe（ベネディクト女子修道会）(37)とシックネス Thickhed（ベネディクト女子修道会）(38)の修道女たちであった。(39)

換言すれば、「スキャンダラス」である修道院およびそうでない小修道院のほとんどの宗教家は、それぞれの宗派の修道会で、王ヘンリが認める、(40)他の有徳と大目に見做された近距離の修道院へ移ることを甘受したのである。〔表5〕（214頁）に示した合計七九の「悪い」修道院のうち六〇の全コミュニティーは、かかる厳しい制度下における生活を受け入れた。(41)

東部地方でも、悪徳宗教家の大部分の者が、格別な放縦（particular laxity）を見出さない他の修道院へと移ることを希望した。[42] そして、還俗を求める宗教家の割合が、北部同様、著しく少なかった。[43]

要するに、「宗教家たちは、己の生活力の弱さに通暁《つうぎょう》していて」[44]（the knowledge of their own weakness）、敢えて前途多難な生活、今や国王という新しい首長によって強制されつつある過酷な苦行下の生活を、むしろ享受したと考えられるのである。つまり、失業することを恐れたと言えよう。

ヒューズは、このことに関して、「放蕩な修道士たちがなす異常な選択であり、彼らの修道院全体がこぞってなした異常な選択である」[45]（It is an unusual choice for dissipated monks to make, and for whole houses of them to have made *en bloc.*）と述べている。

第３節　報告書の内容

巡察使たちは、クロムウェルが修道院生活の都合の悪い心象を議会および世論に訴えることをまた一方で内心期待しているということを、察知していたに違いない。[46] 歴史家ディケンズは言う、「たとえ彼らの物質的な動静がどうであれ、彼らは、クロムウェルが一五三六年二月までに報告書を必要とし、その結果、解散の法案が議会の会合で当然支持されるということを知っていた」[47]（Whatever their physical movements, they knew that Cromwell wanted the report by February 1536, so that a dissolution-bill could be duly supported on the assembly of Parliament.）と。したがって、適度に弾力のある道義心の持ち主であれば、クロムウェルの期待を容易に満たし得たと思われる。[48] 選出後間もなく巡察使の或る者はクロムウェルに次のような手紙をしたためている。「私は、宗教改革に相応しい多くのことをお目にかけたく存じます。それについて、国王殿下と貴殿とはお喜びになることでしょう」[49]（You shall hear and see many things worthy of reformation, whereof, I suppose, the King's Highness and you will be glad.）と。かくて、巡察使たちは、歴史家ポラードの言うように、「修道士や修道女たちになるべく罪を負わせるように力の及ぶ限りあらゆる手段を、多分、講じた」[50]（They probably used every means in their power to induce the monks and the nuns to incriminate themselves.）。かくてクロムウェルは、実際、途方もない虚構と虚偽を、さほど精神を悩ませなくとも、案外、容易に得ることができたのである。[51]

報告書は、「不道徳と迷信の二つを除くあらゆる話題に関してサイレントだった」[52]（That were silent on all topics but two, immorality and superstition.）。また、告訴については、漠然としたものではなく、非常に明確であり、犯罪者の氏名やそれらの犯行の性格を明記してあって、いかにも真実らしい印象を与えるものであった。[53]また、報告書中に使用された若干の表現は、論駁を被りやすいと言える。多くの例において、或る修道女に帰せられる不貞節の汚名は、修道女が修道院に入る以前に不貞であったと述べているに過ぎない。(54) しかし、女子修道院が、みずからの名誉を十分大切にしなかった女性たちの恰好の出入り場所と考えられていたことは周知の事実であろう。(55) また驚くべきことは、修道院調査結果書（Comperta）の中には、大修道院は小修道院よりたとえ悪くなくても、より悪いように書かれていたという点である。(56) また歴史家ディーツによれば、大修道院と小修道院の双方を区別する理由を絶対的に設けていない。つまり、それらの富の説明についても、数の説明についても、報告書は、小さくて貧しい修道院に関する報告書と同様に、大きくて豊かな修道院に関する報告書も、等しく「悪」であるという。(57) 一五三六年、修道院解散法によって、その放埓《ほうらつ》の故に解散すると定められたのは、年価値・純収入わずか二〇〇ポンド以下の「小」修道院だったことを考えれば、報告書のこのような矛盾する内容をどのように解釈すればよいのであろうか。

要するに、これらの巡察使の報告は、表面的または外面的には、改革という名目のもとに、議会で決定された活動を土台としながら(58)修道院のスキャンダルを摘発し、その実、すでに総代理クロムウェル個人によって企図された修道院の富の略奪を正当化するための証拠集めを目的としてなされたと考えられるのである。ゆえに、スキャンダルが「多ければ多いほど結構」(59)(the more the better)なのである。歴史家ヒューズによれば、「たとえ彼ら巡察使の体制《エステート》がどうであれ、これはすべての照会、つまり財産の差押えに先行する政治の決定は何もなかった。修道院人口の道徳的性格にダメージを与える報告書と、すでに解決済みの解散計画との間の唯一の関係は、そのような報告書の価値という破壊者たちの阿吽の呼吸だった(60)」(Whatever their estate, this had nothing whatever to do with the government's determination, antecedent to all enquiries, to seize the properties; the only connection between reports damaging to the moral character of the monastic population and the dissolution scheme already resolved on, was the destroyers' instinctive understanding of the value of such reports.）のである。

かくて、クロムウェルが要求したすべての証拠は、一五三六年三月までには集められていた。[61] つまり、一五三六年の春までには、ヒューズは、修道院解散の計画を幾分かは成功させていたとする。[62] 議会は、国王の立派な意志と希望に応じて活動し、すべての宗教的建造物、すなわち歳入が二〇〇ポンドを超えないものの財産を取り扱う権限を、三月に国王ヘンリに授与したのである。[63] それは、モラルを基準とするものではなかったのである。

このことに関し、歴史家エルトンは、「クロムウェルの手先が、一五三五年末にあらゆる修道院の全般的巡察において集めた腐敗に関する罪を、今やまさに本気でとる者は誰もいない」[64]（No one now takes very seriously the charges of corruption which Cromwell's agents collected in their general visitation of all monasteries late in 1535.）と述べ、またヒューズは、「だが一五三五年のこの王立巡察の報告書は、あまりにも不完全で、国王とその使者たちの意図があまりにも明白である[65]」(But the reports of this royal visitation of 1535 are far too incomplete, the intention of the king and his ministers too evident.)と言明している。一五三五年の終わりまでに、すでにいくつかの小修道院が明け渡されており、さらなる剥奪が待ち受けているのが明らかだったのである[66]。言うまでもなく、総代理クロムウェルのエンジンを起動させる大きな原動力となったのは、モラルの問題ではなく貨幣であり、この貨幣こそが取りも直さず国王ヘンリにとってもっとも重要な意味を持つものであった[67]。

報告書全体から受ける印象は、修道院はまさに「聖職の女郎屋」(clerical brothel)とほとんど変わらなかったし、国王とクロムウェルとはこれら「モラルの怪物」(moral monsters)どもを牽制し、罰するに、いささかの躊躇もなかった[68]。この修道院調査報告書の正確な記録は、残されてないようであるが[69]、このいわゆるブラック・ブックが議会に提示され、「議会議事堂(パーラメント・ハウス）で修道士たちの極悪非道が最初に読み上げられたとき、極悪はあまりにもひどく言語道断だったので、彼らはただうなだれるしかなかった」(When their enormities were first read in the Parliament house, they were so great and abominable that there was nothing but down with them.) という。[70] 結局、報告書は、横領を正当化するために利用されたと結論づけて間違いないだろう。[71]

第４節　恩寵の巡礼 (The Pilgrimage of Grace)

「恩寵の巡礼」は、表面的には修道院解散に反対して、一五三六―三七年にイングランド北部で発生した反乱である。この反乱は、テューダー朝治下最大の反乱に発展し、国王ヘンリや宮廷を震撼させた。富岡次郎氏によれば、カトリック教徒の反乱であり、農民一揆であったという。[72] この反乱は、もともとリンカンシャーで同年十月二日に発生したリンカンシャー反乱と、その影響を受けて十月八日に発生したこの北部の反乱の二つから成っており、ほぼ同じ時期に同じ経過をたどって展開したので、この両者を合わせて「恩寵の巡礼」と呼んでいる。[73]

リンカンシャー反乱の原因は、同州のラウス Louth を訪れたリンカン主教の登記官が教区民に襲撃・拘束されたことに始まる。民衆が、主教の代理人が教会財産を没収に来たと思い込んだのである。四日には、ジェントリに率いられた約一万人の群衆がリンカンへ行進を始めた。その四日後の十月八日に発生した北部の反乱は、リンカンシャー在住のジェントリであったロバート・アスク Robert Ask が民衆を扇動して起こされたものであった。この反乱は、ヨークシャー、ノーサンバランド Northumberland、ウェストモーランド Westmoreland、カンバーランド Cumberland、ランカシャー Lancashire およびダラム Durham に拡大した。このときすでに修道院の解散が進行していたが、反乱によって中断を余儀なくされた。これらの反乱では、約五〇、〇〇〇人に近いカトリック教徒が蜂起した。反徒たちは合流して恩寵を求めてヨークへ行進したことから、アスクらは彼らを

「巡礼者」と呼んだ。これがこの乱が「恩寵の巡礼」と呼ばれる所以である。
リンカンシャーと北部諸州の修道院総数九〇のうち、五九が解散されたが、全体的に見ると、およそ三分の二が破壊されたことになる。このように、北部諸州で解散された修道院は、数が多い割には、その没収修道院領の面積は、実のところ全体の四分の一以下と少ないのが特徴である。
この反乱の性格には、次のような大きく二つの説がある。
㈠　絶対王政に反抗する「ジェントリ反乱」「農民一揆」説
㈡　修道院解散に反対する素朴な「宗教運動」説
反乱の主導権は、当初はヨーマン（独立自営農民）、熟練職人、下位の聖職者といった民衆の側にあり、彼らに押される形で貴族やジェントリが消極的ながら支援を行うという状況にあった。(74) 富岡氏は㈠について、反乱を起こした農民らは地主であるジェントリに「同盟と指導」を仰がねばならず、結局両者は結託し、ジェントリが加わるに及んで反乱の政治的色彩が濃厚になったという。つまり、

「ジェントリは修道院から借りていた借地権やその他の諸権利を取りあげられないだろうかと恐れ、一般農民は低い地代を新しい地主によって引上げられないだろうか、また既に獲得してきた慣習自由保有権を奪われないだろうかと心配した」[75]と。しかしこれに対して熊田氏は、北部地方の小修道院では、直営地経営・直営地耕作の割合が高く、修道院解散によって農業経営に直接このような影響を受ける農民がいたとしても、その数は少なかったのではないかと推測する。その上で、解散反対の真意としては、かかる経済的不満による「ジェントリ反乱」「農民一揆」説は考えにくいという。

では、㈡の「宗教運動」説はどうだろうか。熊田氏によれは、「修道院解散に関する限り、『恩寵の巡礼』はイングランド北部住民の修道院に対する宗教的愛着心の強力な表現であった」（傍点は熊田氏）という。この愛着心は、宗教上の専門的・神学的な解釈ではなく、北部の民衆である農民や市民たちの昔からの素朴なカトリック信仰に根ざすものであったとする。[76]

ジェントリたちの態度は、確かに解散修道院領を取得できるかもしれないという経済的利益を期待はしていたが、修道院解散反対という点においては、終始消極的であった。アスク自身、自分を反乱の指導者と呼ばないように反徒仲間たちに懇願している。指導的立場の彼らの大部分は、反乱に最初から加わっていたのではなく、一般大衆によって強制的に指導者に仕立て上げられた者たちが多かったのである。彼らの本心は、国王ヘンリの逆鱗に触れ処刑されることを何よりも恐れていた。これに対して、農民や市民等の一般民衆の態度は、修道院解散反対という点で積極的で強力であった。宗教的不満に動機づけられて最初に蜂起したのは、彼ら農民や市民たちだった。民衆と修道院は、貧民救済やその他各種公共事業等において強い絆で結ばれていたのである。修道院は、修道士の修行の場だけでなく、学校や病院、宿泊所等の機能を併せ持っていた。十四世紀における北東部のダラム司教座聖堂付属修道院の経営・自給自足生活を一瞥すると、修道院はまさに地域社会の工場さながらであった[77]。北部では、教区教会は数が少なくまばらであり、それゆえに修道院は教会の一翼を担っていたのである。民衆はミサの行事等を通じて修道院と根強い絆で結ばれていた。彼らにとって修道院解散は、長年の日常生活の生きがい（儀式・行為・信仰）とコミュニティーの破壊という大切な部分の破壊・喪失を意味したのである。

この北部における民衆の修道院解散反対の原因は、このような北部地方特有の保守的な特殊性にあると言われる。彼らにとって農業経済問題はさほど重要ではなく、古くからある修道院を中心とした日常の信仰生活の大切さだったのである。このことは、巡察使レイトンの言葉にもよく表れている。彼はクロムウェルに次のように報告している。「彼ら住民は、徳が高いというよりは迷信深く、真の信仰を疎んじて、幻影や儀式を神や主よりも優れたものと信じ込んで、それに慢性になっております」(78)と。民衆にとってのキリスト教信仰の実態とはまさにこのようなものだったのであろう。

一方で、修道院解散に対する神学者の態度は、きわめて正当なものであった。

ポンテフラクトPontefractで開催された聖職者会議には、出席者十五名のうち、修道院側の出席者が三分の一の五名、残りの十名が神学者だった。この会議においては、国王の首長権、国王への十分の一税および初収入税の支払い、神の法により神と王国の教会と聖職者に賦与された土地の剥奪と私的用途《ようと》が否定され、ローマ教皇の正当性が規定された、「十カ条の要求」が作成された。さらに同要求では、国王ヘンリとキャサリンの離婚およびアン・ブーリンとの結婚を認め、宗教改革を支えてきたカンタベリー大主教クランマーThomas Cranmerをはじめとする福音主義的な主教らを「異端」と断じ、修道院解散の撤回を要求した。この十カ条は、恩寵の巡礼の反徒の影響を受けない聖職者独自の要求であった。しかしそれにもかかわらず、修道院解散に対する聖職者たちの態度は、正式には、修道院解散反対を強力かつ明確に表現しておらず、修道院解散反対に消極的ですらあったことが分かる。

それでは、修道院側の態度は一体いかなるものだったのだろうか。リンカンシャー反乱に集結した総勢四万人のうち、修道士ならびに司教の数は、約七〇〇〜八〇〇人だった。すべての修道院が参加したわけではないが、これは全体の二パーセント弱ということになる。修道士たちは、やはり表立って国王に逆らうことを恐れており、この点でジェントリと似ていると言ってよい。しかし「小」修道院は、反乱への参加が消極的であれ積極的であれ、修道院解散反対への意志を強く表明していた。修道士たちは、修道院解散による失業を何よりも恐れた。「小修道院の解散こそほとんどの修道士にとって生活それ自体に対する威嚇であった」（熊田氏）。したがって修道士たちは、民衆の反乱意識の強さにすがりそれを利用することによって自己の生活を回復し、維持しようとしたのである。

一方、北部の大修道院は、十八の大修道院が反乱に参加したが、このうち自発的に参加した大修道院はわずかに二つに過ぎない。つまり、北部諸州の大修道院のこの反乱に対する態度は、まったく消極的であった。大修道院側は、民衆によって強制されて参加したとクロムウェルに釈明し、「恐怖と涙と震えから食物とカネとを提供して反乱に参加したのであって、反徒を激励したことはない」（リンカンシャーのバーリング Barling 修道院長）と公言した。大修道院は、解散の対象ではなく、そのためか反乱には消極的であるというよりむしろかえって否定的ですらあった。かかる大修道院の、反乱に対する曖昧で消極的な態度は、民衆を怒らせ、彼らが大修道院を襲撃する原因にもなったのである。

　北部のヨーク大主教の態度は、ジェントリ、民衆、聖職者のあいだの相互不信を招来し、結局は恩寵の巡礼の終結をもたらすことになった。大主教は、反徒に何らの援助も与えなかったばかりか、こう説教したのである。「王以外の何びとにも剣は与えられなかった。王以外は何びとたりともこれを抜くことは許されない」――と。

　実のところ、一面、民衆は国王に好意的ですらあった。彼らはこう思いこんでいたのである。王が解散を決定した「小」修道院についてはやむを得ず解散を認めるが、それ以外の「小」修道院はクロムウェルらの閣僚が恣意《しい》的にやっていることなので許しがたいと。反徒たちは、クロムウェルを単なる国王の代理人・手先に過ぎないことを見抜けず、彼を修道院解散の首謀者と見なしたのである。常に巨悪は表に現れず、現実に目の前で起こっている現象・事実を彼らは真実と思い込んだのである。

一方、国王ヘンリは、北部民衆の粗暴さや無知、その宗教的意識の単純さを逆に巧みに利用せんとした。王は、修道院のモラルの頽廃を強調し、修道院解散を個人的に決定したのではなく、議会法に基づいて決めたいわば「法治主義」に基づく行為であるとし、あくまでもみずからの正当性を強調したのである。ヘンリは、この反乱の中部や南部への拡大を恐れ、ノーフォーク公やジェントリを用いて鎮圧にあたらせた。そして、反徒の多くを教皇擁護者、国王首長権の否認者と断じて処刑した。とくに国王首長権を否認した修道士一六名をダラムにて処刑し、これによってむしろみずからの威信を高めたのである。ヘンリは、ジェントリと民衆の分断を計り、反乱の弱体化と自然消滅を策した。この「恩寵の巡礼」の鎮圧は、この後のジェントリの絶対王政下の官僚機構への繰り入れを招来するとともに、「小」修道院の解散を確実なものとし、ひいては大修道院の解散の受諾と北部諸州への首長法の浸透を可能ならしめることに結果的に貢献したのである。

北部諸州のうち北東部のダラムとノーサンバランドの事情についてさらに概観してみたい[79]。この地方は、イングランドでは、孤立した後進地域であった。ゆえに他地域とは異なる特殊性が認められる。ガスケ説[80]とは異なり、この二州においては、解散前の土地所有の構造は大きく変わらなかったし、修道院解散の結果は、かつて考えられたようなカタストロフィックなものではなく、よりマイルドなものだったとする説がある。この地は、ノーサンバランド伯の「パーシーPercy家以外の君主を知らない」住民、家畜飼育を主体とする貧しい牧畜農民の地であり、「封建制の故地、王権への抵抗の拠点、失われた大義の自然の避難所」という性格を有していたのである。

一方、王家にとってはこの地は、対スコットランドの辺境防備という課題の地でもあった。

一部の辺境農民にとっては、略奪と軍役勤務こそが残された生活手段だったのである。また農民の大多数は、土地の保有態様が経済的身分と一致する慣習保有農であった。こうした地域にあっては、先にふれたように、修道院は依然としてキリスト教伝統の正当な代表者であり、「社会生活の焦点」でもあったのである。ダラムとノーサンバランドには、合計一九の修道院と一〇の修道会があった。これらのうち、ダラム主教座聖堂付属修道院とタインマウス Tynemouth 修道院を除く残りのすべての修道院・修道会が年価値・純収入二〇〇ポンド以下のいわゆる「小」修道院であったため、解散の対象となったのである。カトリック教が根強く残存し、「カトリックの牙城」でさえあったこの地域において、ほとんどの修道院が解散の対象となれば、一体どのようなことになるだろうか。修道士たちを先頭に農民や市民たちが反乱＝「恩寵の巡礼」に立ち上がったのもあながち無理からぬことだったと言えよう。

しかし、注意すべきは、反乱の原因が「ジェントリ反乱」「農民一揆」説と「宗教運動」説のように、この二州に関する限りいずれが正しいのか、または実態に合っているのか単純に割り切れない面もある。と言うのは、動機はほかにも考えられるからである。すなわち国王ヘンリは、修道院解散と同年に、相次いで特権地の特権削減もしくは廃絶するための一連の議会法である、治安判事、巡回裁判官などの任命権、重罪人の刑事裁判権、聖域特権等を剥奪する中央集権政策を断行し、さらに王は、ノーサンバランド伯パーシー家に対して、その相続人なき暁には、パーシー家の全所領を王室に回収するとの遺言を取り付け、パーシー家に圧力を加えたのである。「恩寵の巡礼」の背景には、一つでない、かかる中央政府による幾つもの中央集権化政策に対する複雑な不信と反感が積もり積もっていたのである。

解散前のこの地方の修道院領は、修道士たちによって有力ジェントリたちに有利な条件（主に21年リース）で賃貸《リース》に出された。これは、解散を予知した修道士たちによる現金収入を得るための対策であった。賃貸は、賃貸契約が満了するまで購入地の自由な処分が妨げられたし、被賃貸者にしてみれば、賃貸の方が一時的に多額の費用が必要な購入よりも安上がりで、早期の利益が見込めたのである。

　解散後の修道院領については、どのような人々に修道院の土地が渡ったのであろうか。その点を見ると、ほぼ次のようになる。ただし、これは、ニューカッスル商人を除いて、とくに北部とは関係ない一般的な場合にも当てはまる。
○廷臣
○王室増加収入裁判所役人――〔別表〕（364－365頁）参照――とその関係者
○議会議員
○ジェントリ（騎士、エスクワイアを含む）
○ロンドン商人、ニューカッスル商人
○ヨーマン（独立自営農民）
　これらの人々のうち、メインな獲得者は、この地方の有力なジェントリであった。すべての解散修道院領の譲与は、国璽を捺印した「開封勅許状」（Letter Patent）によって行われ、開封勅許状記録簿（Patent Rolls）に登記された。[81] この中には「恩寵の巡礼」の指導者もいた。このことはどういうことかというと、いわゆる王室による対ジェントリ懐柔策とみなすことができる。数は多くないが、ヨーマン（独立自営農民）もこれに相当する。

この二州に限っては、歴史家ガスケの言うような「新人」による資本主義的経営はまったくなかったようである。この地方では、土地の資本主義的経営は非現実的であり、外部の者による土地の「投機熱」も修道院に及ぶことはほとんどなかったという。

解散修道院領は、基本的に地元のジェントリに還流した。つまり、ジェントリは自分の居住地周辺の修道院領を手に入れたのである。彼らの何人かは、解散を遂行するための地方役人に登用され、その地位を利用して土地の譲与に与った。むろん、賃貸も多かった。

王室が解散修道院領を売却する場合、その売却価格は大体、平均的地価に等しい年価値の二〇倍以上に保持されたようである。しかし、「没収地の処分に関する限り、修道院解散がこの地方の農村社会に与えた影響は大きなものだったとは言えない」[82]という。この言葉の意味は、土地の所有者は変わっても、それを実際に耕作している農民にはあまり変化が及ばず、農業の資本主義化や土地の投機はほとんど行われなかったということだろう。

結局、「恩寵の巡礼」鎮圧の成功によって王室が手に入れたものは、古いジェントリに土地を与えて懐柔し、彼らの忠誠と軍事力によってスコットランドに対する辺境の防備を固めたことである。このことは、ヨーク朝のエドワード四世治世（１４６１―１４８３）以降の中央集権化政策＝絶対王政の官僚機構の構築とも関連する出来事と言えるだろう。[83]またいま一つ、「恩寵の巡礼」鎮圧の成功は、この北東部二州の大修道院の解散を容易にしたことである。一五四〇年一月、ニューカッスル女子修道院を最後に大修道院・修道会もすべて容易に解散に追い込まれ、これによって、年収に換算して、推定三、五〇〇ポンド以上の所領が王室の手に渡ったのである。

註

（1）G. Baskerville, *English Monks and the Suppression of the Monasteries; The Bedford Historical Series, No. VII*, Jonathan Cape, London, 1972. p. 128; H. M. Smith, *op. cit.*, p. 77. エリス・プライス博士は、ウェールズの司祭たちを特色づける外面《そとづら》の気前良さで夫人を連れ歩いたと言われる。

（2）*C. E.*, p. 128.

（3）P. Hughes, *op. cit.*, p. 285.

（4） A. G. Dickens and D. Carr, *op. cit.*, p. 96.

（5） P. Hughes, *op. cit.*, p. 285.

（6） *Ibid.*, p. 284. 彼はこの巡察で、オックスフォードの写本と図書館の最初の破壊者となった。

（7） この時、リーは、修道院の巡察使として悪名を残したと言われる（*Ibid.*）。

（8） H. M. Smith, *op. cit.*, p. 76.

（9） T. Wright, *op. cit.*, pp. 91–94, quoted in A. G. Dickens and D. Carr, *op. cit.*, p. 97.

（10） 「レイトンは、専横なやり方で、リーと入れ替わった」とある（*C. E.*, p. 128）が、恐らくこの巡察の時期になされたものと思われる。

（11） *C. E.*, p. 129.

（12） T. Wright, *op. cit.*, p. 59, quoted in H. M. Smith, *op. cit.*, p. 78.

（13） 時々、レイトンは、巡察第二の日を設定しなければならなかった。たとえば、一五三五年十二月二十二日頃、レスターLeicester にあったニューアーク・カレッジ Newark College を巡察したが、何も発見できなかったので、「明日、私は、彼らの様々な男色 (buggery) や不貞 (adultery) に抗議します」と、巡察途上にクロムウェルに報告している (T. Wright, *op. cit.*, p. 93, quoted in H. M. Smith, *op. cit.*, p. 78)。

(14) H. M. Smith, *op. cit.*, pp. 77–78.

(15) Cf. G. M. Trevelyan, *op. cit.*, pp. 104–105; 藤原・松浦訳、前掲書、九五頁参照。

(16) T. Wright, *op. cit.*, p. 85, quoted in C. H. Williams, *op. cit.*, p. 782.

(17) P. Hughes, *op. cit.*, p. 289.

(18) *C. E.*, p. 130.

(19) T. Wright, *op. cit.*, pp. 58–59, quoted in A. G. Dickens and D. Carr,

op. cit., p. 94.

（20） T. Wright, *op. cit.*, pp. 58–59, quoted in A. G. Dickens and D. Carr, *op. cit.*, p. 95.

（21） T. Wright, *op. cit.*, p. 85, quoted in C. H. Williams, *op. cit.*, p. 782. 訳文中の傍点は、訳者（工藤）による。

（22） *C. E.*, pp. 130–131.

（23） *Ibid.*, p. 131.

（24） *Ibid.*

（25） 今井登志喜『英國社会史』上、増訂版、（東京大学出版会、一九七三年）一七三―一七四頁。カンタベリー大主教となったトマス・クランマー（１４８９―１５５６）は、修道院廃止後、偶像（聖像）破壊運動を起こした。

（26） Cf. P. Hughes, *op. cit.*, p. 292.

（27） *Ibid.*, p. 288, note 3.

（28） *Ibid.*, p. 288. さらにヒューズは、次のように言っている。「実際、われわれは、議会に示されたものがどんなものかは正確には知らないし、また報告は、『大』と『小』を区別していない。すなわち、修道院のサイズないし財産は、それらに関してそこに語られている話とまったく釣り合わないのである」(*Ibid.*)。

（29） 北部と同様、東部においても、報告書の内容は、そろわなかった。「小麦の中にむぎなでしこが混ざっているのが実情である」と譬えている (Cf. *Ibid.*, pp. 288–289)。

（30） *D. R.*, p. 142.

（31） *C. E.*, p. 130.

（32） J. Youings, *op. cit.*, p. 148; T. Wright, *op. cit.*, pp. 130–131.

（33） F. A. Gasquet, *op. cit.*, *II*, p. 547, Appendix V.

（34） J. Youings, *op. cit.*, p. 148.

（35） この交換を請う六四人の志願者のうち、七名の修道士および戒律修行僧(Canons) は、有徳と認められた二つの小修道院と、同じく二つの大修道院から出た (P. Hughes, *op. cit.*, p. 288)。

（36） P. Hughes, *op. cit.*, p. 288.

（37） F. A. Gasquet, *op. cit.*, *II*, p. 550, Appendix V.

（38） *Ibid.*, p. 561, Appendix V.

（39） P. Hughes, *op. cit.*, p. 288.

（40） *Ibid.*

（41） *Ibid.*, p. 289.

（42） *Ibid.*

（43） *Ibid.*

（44） *Ibid.*

（45）P. Hughes, *op. cit.*, p. 288.
（46）*C. E.*, p. 129.
（47）*Ibid.*, pp. 289–130.　傍点は訳者（工藤）による。
（48）*Ibid.*, p. 289.
（49）T. Wright, *op. cit.*, p. 96, quoted in H. M. Smith, *op. cit.*, p. 75.
（50）A. F. Pollard, *op. cit.*, p. 270.
（51）修道界は、すでに急速に崩壊しつつあった。すなわち、士気は衰えていたし、あらゆる試みは、巡察使の機嫌をとるあまり、立派でない人物のために存在した。そして激しい恨みをもった一～二名の修道士でさえ、或る修道院を罪に陥れる報告書を作成するための十分な資料を提供できた。その上、俗人社会とあまりにも親密に修道院生活が交わりすぎ、いまやそれが修道院生活の応報となった。昔の司教と異なって、クロムウェル時代の巡察使は、修道院共同体関係者以外の人々からの告発を厚遇した。また、隣接する周辺には、スキャンダルの要素を、ずさんに多くすることをあてにされていた俗人が常にいた。バランスのとれた全体像の提供を望まなかった巡察使にとって、歓迎できると思われるようなグレーの色合いを専ら選ばなければならないということは、いとも容易だった（*C. E.*, p. 129; Cf. *D. R.*, p. 142）。

（52）P. Hughes, *op. cit.*, pp. 286.

（53）A. F. Pollard, *op. cit.*, p. 271.

（54）*Ibid.*, p. 270.

（55）*Ibid.*

（56）M. Smith, *op. cit.*, p. 78.

（57）Frederick C. Dietz, *English Government Finance 1485–1558*, Second Edition, London, 1964. p. 130.

（58）A. F. Pollard, *op. cit.*, p. 270.

（59）M. Smith, *op. cit.*, p. 75. しかしまた、結果的に、すべての報告書は、断じてわれわれの信用の品位を落としたものばかりではなく、こじつけが報告書全部の中に必ずしもあったわけではなかった。批評いかんによっては、近代主教の巡察に照らし合わせることによって支持され得る（A. G. Dickens and D. Carr, *op. cit.*, p. 94)。

（60）P. Hughes, *op. cit.*, pp. 286. 傍点は訳者（工藤）による。

（61）M. St. Clare Byrne, *The Letters of King Henry VIII*, Cassell, London, 1968. pp. 139–140.

（62）F. A. Gasquet, *op. cit.*, *II*, p. 1.

（63）*Ibid.*

（64）G. R. Elton, *op. cit.*, p. 235.

（65）P. Hughes, *op. cit.*, p. 286.

（66）L. P., ix, 816; S. E. Lehmberg, *The Reformation Parliament 1529–*

1536, Cambridge U. P., 1970. p. 218.

（67） Kenneth Pickthorn, *Early Tudor Government: Henry VIII*, New York, 1967. p. 271.

（68） P. Hughes, *op. cit.*, p. 286. 報告書の内容のひどさは、「もっとも忠実な保守家でさえも唖然とさせられただろう」と推量している。

（69） *D. R.*, p. 142.

（70） Hugh Latimer, *Sermons, Parker Society*, 1844. p. 123, quoted in H. M. Smith, *op. cit.*, p. 78; *D. R.*, p. 142.

（71） P. Hughes, *op. cit.*, pp. 286–287.

（72） 富岡次郎「恩寵の巡礼の歴史的性格について（上）（下）」（『史林』第三九巻第二号・第三号、一九五六年）参照。この論文のより詳細な記述は、同氏の大著『イギリス農民一揆の研究』（創文社、一九六五年）の第五章、三一二—四六一頁に掲載されている。

（73）熊田淳美「『恩寵の巡礼』の宗教的要素について」（『西洋史学』第四二号、一九五九年）参照。以下の本文叙述は、主に富岡氏と熊田氏の論文に依拠している。
（74）指昭博編『ヘンリ8世の迷宮』（昭和堂、二〇一二年）一三一頁。
（75）富岡次郎、前掲書、四四四頁。
（76）「多くの民衆は神学上の問題には無知で、その修道院に対する愛着心は単純・素朴な信仰の現れであったが、ジェントリはこれに比してかなり神学的知識をもち、それだけに修道院に対する愛着心はさほど強くなく、彼らの経済的利害も手伝って反乱の初発から運動参加に消極的であった」（熊田、前掲論文、六頁）。
（77）森本矗『中世末期の教会領研究――ダラム司教座聖堂付属修道院領について』（ミネルヴァ書房、一九七七年）をはじめ、『名古屋学院大学論集』に掲載された同氏の同修道院に関する多数の論文を参照されたい。

（78）熊田淳美、同論文、十頁。

（79）以下の本文叙述は、中野忠「イングランド北東部解散修道院の土地処分」（『三田学会雑誌』第六五巻、第六号、一九七二年）に主に依拠している。

（80）「解散の後には文字通りの争奪戦が続いた。多くの者が交換または高価格での転売のみを目的として譲与を得た。……ヘンリの政策の支持者は、自分や自分の家族のため、自身またはクロムウェルの影響を通じて大きな分け前を得た。……ある者は（地代の20倍の標準より）遥かに低い率でこれを獲得した。……王は没収・売却されたものの実際の価格を受取ることは決してなかった……（こうした事態から）利益を受けたのは〝新人 new men〟だった。彼らは修道院の廃屋の上に勢力と地位を築き、法の名のもとに略奪された富の上に家族の財産の基礎をおいた。……廷臣の間で修道院領を分割するという政策の結果は現実には土地独占を惹起し……新しい被授与者は古い慣習に煩わされることがなかったから、地代は何処でもつり上げられた……」(F. A. Gasquet, *op. cit.*, *II*, pp. 397–401, 467, 471；中野、同論文、三二頁)。
（81）中野忠、同論文、四四頁。
（82）同論文、六一頁。
（83）工藤長昭『エドワード四世の王領政策――イギリス絶対王政の先駆け』(星雲社、二〇二三年）参照。

第４章　修道院の調査ならびに解散

第１節　修道院解散法とその矛盾

第一次修道院解散法[1]（First Act for the Dissolution of the Monasteries）は、一五三六年四月四日に制定された。[2]庶民院（House of Commons）は、大変反修道者的で、また、貴族院（House of Lords）内の高位聖職者・主教たちも修道士に愛情はもっていなかったが、[3]法案は庶民院を容易に通過しなかった。[4]それは、庶民院議員の多くが修道院に何らかのかたちで親族をもっていたことと、さらにまた彼らの幾人かは、修道院の創立者代表だったからである。[5]そこで、俗人の利益を保護するように法案が修正され、ようやく通過するが、[6]貴族院においては満場一致で可決されたようである。[7] 従順議会たるゆえんでもある。

この法律によって、「土地、家屋、地代、十分の一税、取り分、世襲財産で、明白に年価値二〇〇ポンド以上を所有しない」[8] (which have not in lands, tenements, rents, tithes, portions, and hereditaments, above the clear yearly value of two hundred pounds) 修道院に属する実際のすべての財産は、永久に国王ヘンリの手に渡った。しかし、この際、君主の最高の所有権下で、修道院の固定した支払いおよび日課祈禱《オフィス》における既定の収益は、固く守られ、債権者の要求は満たされ、修道院の支配人、修道士、修道女たちは、必要な物を供給された。[9]

また、修道院財産が、国王の手から誰かに譲渡ないし売却された場合、その持ち主または賃借人は、侵せば罰金という条件のもとに、「善良で持続的な家と家族とを同様の敷地または区域に保持し、農業の耕作地とちょうど同じ広さの直営地だけを毎年占有すること」[10] (an honest continual house and household in the same site or precinct, and to occupy yearly as much of the same demesnes in ploughing and tillage of husbandry）を義務づけられた。

法令は冒頭で、「明瞭な罪、悪徳で肉欲の厭《いと》わしい生活が、然る宗教家信徒が一二名以下である修道士、修道会会員、修道女の小さくて小規模な大修道院、小修道院およびその他の宗教的建造物間で、日々営まれ行われているがゆえに[11]」（Forasmuch as manifest sin, vicious, carnal, and abominable living is daily used and committed among the little and small abbeys, priories, and other religious houses of monks, canons, and nuns, where the congregation of such religious persons is under the number of twelve persons.）、これを解散するとうたい、そのあと続けて「わが王国の種々のかつ非常に厳粛な修道院、その中に、〔ありがたきかな、〕信仰は正しく保たれ、遵守されている[12]」（divers and great solemn monasteries of this realm, wherein〔thanks be to God〕religion is right well kept and observed）とうたっている。だが、モラルの放縦は、巡察使たちの報告結果によれば、むしろ小修道院よりも大修道院の方がひどかったこと

は、すでに見た通りである。したがって、解散するに相応しいこれらの宗教的建造物と、解散されずにそのまま残されるべき修道院との間に線引きが行われたとき、指針となったのは、巡察使の報告書ではなく、値踏み調査委員たちの調査結果だったのである。解散の対象となったのは、道徳的に堕落した修道院ではなく、一年の純収入が二〇〇ポンド以下と評価された「小」修道院だった。[13] つまりこれは、実際上、王立調査委員・巡察使たちがその中に悪弊を見出さなかった多くの小修道院が解散された反面、報告書（blackest reports）[14] の主格であったもっとも汚れた大修道院が専ら守られ残されたことを意味した。歴史家ウッドワードは言う、「法令中のこの矛盾は、それ自体、修道院に対する公務事情の破綻《はたん》を暴露するものである」[15]（This inconsistency in the Act itself reveals the hollowness of the official case against the monasteries.）と。

なお、この段階においては、未だ全修道院弾圧の決定は行われていなかったことを、法令は物語っている。宗教生活を捨てたくないと願うすべての修道士や修道女に、解散時に他の修道院へ移る機会を与えたということは、とりも直さず、そのことを示すものであろう。(16) しかし、解散の懸念は、この時点ですでにあったようである。この点について、エドワード・ホール Edward Hall は次のように言及している。「あの時点でさえ、議会議事堂で或る者が言った。これら（小修道院）は茨《いばら》のようであるが、偉大な大修道院長たちは腐った古い樫《かし》であり、彼らは追随を要さねばならぬ」(17)（Even at that time, one said in the parliament house that these were as thorns, but the great abbots were putrefied old oaks, and they must needs follow.）と。レイトンおよびその仲間たちによる報告書は、恐らくはこの法令を正当化するためと思われるが、王より一足先に、大修道院は他のものと同様に悪《バッド》であると！(18)

結果において、一五三六年の修道院解散法は、「解散過程における第一段階のクライマックス」（the climax of the first stage in the process of the Dissolution）に過ぎないということを証明したのである。(19)

女子修道院の解散は、やはり、一五三六年の修道院解散法によってなされたが[20]、托鉢修道士の修道院については、一五三八年に行われた[21]。

第2節　第四回巡察と一五三六年の指図

修道院の解散は、第四回巡察において、以下に示す解散指図書（Instructions）に従って進められた。ここに示す次の解散のための指図書は、ヨークシャーの王立調査委員（以下「コミッショナー」と表記）たちに与えられたものである[22]。

以下の諸項目に従って、その任務の範囲内に該当する修道士・聖堂参事会員《キャノン》および修道女の修道院に属する、すべての直営地（Demesnes）、土地（Lands）、物品（Goods）および動産（Chattels）の、件《くだん》の任務に付加され、その任務に限定される、州ごとの修道院数から成る、新たな調査および財産目録作成のた

めの、国王のコミッショナーに与えられる指図(23)

ヘンリ王①　HENRY R

1　いずれもかかる修道院がある州ごとに、国王によって指名される分別のある人物三名とともに、会計監査官（Auditor）一名、特別収益管理人（Particular Receiver）一名、前回の巡察の記録書記②（Clerk of the Register）一名の区分けが行われたのち、然る修道院に対する彼らの矯正ののち、当該解散法の対象となる支配人（Governor）および〔その〕宗教家たちに、その際の彼らの任務《コミッション》および彼らの矯正の理由と目的を、言明するものとする。

2　件のコミッショナーの任命宣言のあと、修道院の支配人たち、または当該修道院か他の修道院の役員といったそのような他の者たちに、彼らコミッショナーが、当該修道院の状態と有様〔コンデション〕をベストにできると考えるような、以下の諸項目について公表し、回答することを、宣誓するものとする。

3　当該修道院が、いかなる会派（Order）、宗規（Rule）または宗教に属するか、かつそれが僧庵（Cell）か否か。しかしてもしそれが僧庵ならば、コミッショナーは、ただちに玉璽（Privy Seal）を修道院の支配人に申し渡し、国王の名において、侵せば大きな罰則〔ペナルティ〕に処すという条件のもとに、王室増加収入裁判所[24]長官（Chancellor of the Augmentations of the Revenues of the King's Crown）および同諮問会議（Council）の前に、即座に、出頭するように命ずること。しかしてその一方で、国王の御意がなお一層明らかになるまで、当該僧庵に干渉しないこと。

4　当該修道院の中と、彼らの実生活〔彼らの行状 *their conduct*〕での交際における宗教人の数は何人か。そのうちの何人が聖職者（Priests）で、彼らのうちの何人が同じ宗派の他の修道院へ移り、収容能力はどれほどか。また当該修道院は、どれほどの召使い（Servants）ないし作男（Hinds）を一般に保持し、他に何人の者が当該修道院で生計を維持しているのか。

5　当該修道院の鉛板葺《ふき》屋根（Lead）および鐘《かね》（Bells）の数量または価値を[25]、同修道院の荒廃・腐朽・状態および有様とともに、可能な限り正しく調査すること。

6　コミッショナーに引き渡されて安全に保管されるべき財産のいずれかに関するすべての書類（Writings）、権利譲渡証書（Charters）、証文（Evidences）および不動産権利証書（Muniments）と一緒に、修道会印（Convent Seal）を、直ちに〔即刻〕要求すること。しかして、コミッショナーおよび支配人または他の最高責任者との間に、装飾品（Ornaments）、プレート（Plate）、宝石（Jewels）、動産（Chattels）、現金、家財道具（Stuff of household）、穀物——分けられたのも分けられてないのも――去る三月一日に、当該修道院に帰属していた、農夫の手中にある貯蔵・備蓄およびそれらの価値の適正な財産目録（Inventory）を、しかして、当該修道院がいかなる負債を誰に負っているのか、また彼らがいかなる負債を誰に負っているのかを、歯型切目証書（Indenture）によって、可能な限り正しく作成すること。[26]

7 修道会印または公印、プレート、宝石ならびに現金が安全に保管された後、財産目録に明記された残余財産の詳細は、当該修道院の必要経費でない限り、無駄遣いや消費することなく、支配人または何びとか他の最高責任者の保管に委ねられること。

8 コミッショナーは、当該修道院の支配人または他の収益管理人が、国王の御意を一層了解するまで、農夫から地代（Rents）を受け取らないように命ずる。ただし、彼らがどうしても必要な所見や生計のための地代、または召使いへの賃金支払いのための地代は、この限りではない。

9　当該修道院の直営地（Demesnes）、すなわち通常賃貸しない土地を慎重に調査し、その明確な年価値を証明すること。

10　当該修道院のすべての農場（Farms）の真の年価値を調べること。同修道院、教会会議（Synodals）および代理人から支払われた年金および配当、ベイリフ（代官：Bailiffs）・収益管理人・スチュワード（執事：Stewards）および会計監査人たちへの報酬、また他の誰でもなく、当然与えられるはずの面々への配当といった、確固とした〔支払い済みの〕地代をそれから差し引くこと。

11　当該修道院に属する農場に関して、いかなる賃貸借（Leases）が幾人の農夫と行われているのか。いかなる地代が保有され、誰に何年か。もしできるならば、歯型切目証書の写しか、さもなければ副本（Counterpane）を入手する。

12　森林（Woods）、狩猟園（Parks）、自然林（Forests）、共同放牧地

（Commons）、または当該修道院の所有物に属する他のいかなる利益であろうとも、エーカー数、年数および価値を、できる限り正確に調べ、尋ねること。

13　去る二月四日[③]直前の一年以内に、いかなる土地・住居・森林または事務所の譲与（Grants）、取引（Bargains）、売却（Sales）、贈与（Gifts）、譲渡（Alienations）、賃貸借（Leases）が、当該修道院のいずれかの件の支配人たちの誰によって、何が、いくらで、どんな身分の誰に行われたのか。[(27)]

14　万一、前述の宗教家たちのいかなる修道院であろうとも、解体されるか、除去され、財務府（Exchequer）において認証されないものがあるならば、件のコミッショナーたちは、当該修道院を調査し、適宜に証明書（Certificates）を作成すること。

15　コミッショナーは、その任務に限定される〔包括される〕、そのようなすべての修道院のすべての支配人に、国王の御意が一層明確になるまでは、彼らがこれまでして来たように、彼らの土地に播種し耕作することを、厳重に命ずる。

16　件のコミッショナー……のことごとくは、直ちに、その分担の一州・一区画を、前述の形式で精査したのち、前述の指図に応じた、Comperts〔調査結果〕の簡潔な証明書を、王室増加収入裁判所長官（Chancellor of the Court of the Augmentation of the Revenues of the King's Crown）に送り届けるものとする。しかして、彼らが敷地内で行い、各州でそのように調査してから、次に他州へ赴き、類似の証明書を作成すべく当該地方を通過しながら、みずからの範囲が調査されるまで等々、また国王の御意をなお一層了解するまで、当地に留《とど》まること。……

[④] 17　もし、件の任務の件のいくつかの範囲において、国王によって何びとかに与えられるなんらかの修道院があれば、その名称は件のコミッショナーたちに公表されるものとする。しかして、件のコミッショナーたちは、支配

人から修道会印を即座に受け取り、国王の用途として、鉛板葺屋根（Lead）・鐘（Bells）・負債（Debts）・動産（Chattels）・プレート（Plate）・宝石（Jewels）・装飾品（Ornaments）・貯蔵（Stock）および備蓄（Store）の正副二通作成された財産目録の一通を得るものとし、プレートと宝石のみ除き、物品（Goods）・動産（Chattels）およびその他の調度品一式（Implements）を売却すること。

18　かかるすべての修道院の件のコミッショナーたちは、同じ宗派にとどまる宗教者たちを、当人の判断により、その宗派の他のどこか大きな修道院に、その受入れ用の支配人宛て書簡を持たせて、また残りの資格（Capacities）を求める者たちを、当該コミッショナーたちの書簡を持たせて、送ること。[28]

19　件のコミッショナーたちは、資格を有する件の者たちに、移動距離に応じて、定められた裁量に従い、リーズナブルな報酬を与えること。

20　件のコミッショナーたちは、支配人たちに、年俸と年金を得るために、王室増加収入裁判所長官に赴くように命ずること。(29)

21　もし、その行いによって、解散もしくは国王に手放された修道院があれば、コミッショナーたちは、前述の方式で、国王によって何びとか他の者に与えられた修道院に関するすべての方針および目的を、彼ら自身に指示するものとする。

22　もし、件のコミッショナーたちに、調査地域内の前述の修道院で、ギルバート修道会に所属すると思われるものがあれば、先に進むのをやめて、当該修道院の支配人たちに、彼らが国王の御意を一層承知するであろう、ウエストミンスターの王室増加収入裁判所長官および諮問会議（Council）の前に、即座に出頭するように申し渡すこと。

原註①　国王ヘンリ八世による手書きのサイン。

② 一五三五年の≪教会財産査定録≫委員会に所属した書記の一人。
③ 先の後期議会（第七回）会期の初日。この最終議会の会期は、一五三六年二月四日から四月十四日までであった（E. Lehmberg, *op. cit.*, pp.217-248）。
④ この条項とこれ以降の全ての条項は、最後の条項22を除いて、直ちに解散される修道院に関連する。

一五三六年四月、クロムウェルは、全修道院領を取り扱い、かつこれらの収入を管理するために、王室増加収入裁判所を創設した。元来、その機構は、ランカスター公領裁判所に基づいている。(30) 君主の新しい富全体の管理は、この新部門の王室増加収入裁判所に付与されたが、最終的には、財務府に委ねられた。(31)

解散指図書の最後の箇条22は別として、第17条以降の箇条は、原註④に示されているように、直ちに解散されるべき修道院について記されていることが分かる[32]。今や単に財産の目録のみならず、目録に記載された物件の売却、査定・値踏み、総人員を再び修道院に定住させることにおける管理続行金（government money）として、相当の金額の支払いがあった[33]。第四回巡察・調査委員《コミッショナー》は、前回の第三回巡察の民法の博士たちの仕事よりさらに責任重大だったのである[34]。

第３節　「小」修道院解散の任務を負わされた王立調査委員《コミッショナー》

調査委員、いわゆるコミッショナーは、すでに王の手に渡った財産を調査するために[35]、王により一五三六年四月二十四日の日付をもって任命された[36]。一つの小軍隊とでもみなされるべきもので、しかもそれは、首都ロンドンからの王室関係者と地方のジェントリ（郷紳）から構成されていた[37]。したがって、種々雑多な人々から成っていたのであり、かかる意味では、混合体と称することもできる。なぜ混合体なのかというと、それは、相互のチェックを意図したからに他ならない。[38] また地元に詳しい人間が必要であった。まさに、コミッショナーは、各州ごとに工夫され、それらのおのおのに注意深い前掲の解散指図書が与えられたのである。[39] しかし実際には、全員が前掲の同一文の指図書を所持したわけでは必ずしもなく、指図書のポイントを要約したものを持ち歩いたようである。

コミッショナーの例を示すならば、ヨークシャーでは、次の者たちがコミッショナーとして任命された。

○サー・ラルフ・エラーカー（若）Sir Ralph Elarker the younger、騎士、値踏み調査委員（または十分の一税調査委員）としての奉仕経験あり
○サー・マーマデューク・コンスタブル Sir Marmaduke Constable、騎士
○サー・ジョージ・ローソン Sir George Lawson、騎士
○サー・ロジャー・チョムリー（年長）Sir Roger Chomley the elder、騎士、裁判官

○ウイリアム・バブソープ William Babthorpe、エスクワイア（見習い騎士）
○ロバート・チャロナー Robert Challoner、エスクワイア、値踏み調査委員としての奉仕経験あり
○レナード・ベクウィズ Leonard Bekwith、のちヨークシャーのシェリフ（州長官）、騎士、王室増加収入裁判所役人
○ヒュー・フラー Hugh Fuller、値踏み調査の際にハートフォードシャー Hertfordshire で活動。王室増加収入裁判所会計監査官(40)（Auditor）

右の合計八名――したがって、〈指図１〉にあるように、すべてのグループが必ずしも六名と限定されていたわけではなかったことが分かる――のうち、最後の二名が中央から派遣された役人であり、この二人が、前掲の解散指図書のことごとくを遂行する責任を負わされたのである。任命に当たって、以下に示す任命書がこの二人の中央役人に持たせられた。

……なんじらは、余が、その誠実で慎重な思慮分別いかんに完全にかかっている、なんじら、すなわち前記のレナードおよびヒューの二人に、七人、六人、五人、四人、三人を任命したということを知れ。なんじらが途上で最良でもっとも好都合と思われる方法と手段により、尋ね、調査し、審査する十分な権力と権限を、なんじら……に付与する。それゆえ余はなんじらに、なんじらが記述事項（前掲の解散指図書＝工藤註）……内で効果的な対策をたてることを毅然と満喫するように命ずる。しかして、なんじらが記述事項とそのすべてのポイントにおいて行うことは何であれ、当該諸項目の指示・要求に基づいて、羊皮紙に正式な形で明瞭かつ公然と書き、なんじらの印章で封印したものを、来たるミカエル祭のオクティーブ中に、余の王室増加収入裁判所の大法官府（Chancery）[41] において、余に証明するものとする。

〔□□□□〕が、威儀《いぎ》堂々とした部分であり、常に神の名誉とはならなかったし、余の公共の福利の益にもならなかったということを、余は理解するがゆえに、余は、同様の物を疑いなくより良い目的のために、余の掌中に受け入れるつもりでいるということを、なんじらと共有する。同様の物の支配人がその引渡しに甘んずる以外に、なんじらの忠実で、賢明で、分別があるという特別な信用と信頼に対し、余は、上記の修道院に即刻赴き、修道会印のもとにかかる書類を上記の支配人から受け取るというなんじらを有し、かつ本文書により認可し、指名し、指定し、選任する……(42)

この任命書の最後の省略部分を要約すると、次のようになる。

㈠財産（Goods）、動産（Chattels）、プレート、宝石、祭具一式（Implements）を没収し、人員（Staff）を解散する。

㈡すべての財産・祭具一式を、一年半以内に現金化するかまたは確実な保証人のもとに淡々と売却する。

㈢ 支配人とその兄弟・同胞の他所への急送に対して、適当で好都合と考えられる現金と所持品を、没収財産の中から分け与える。
㈣ 支配人およびその兄弟・同胞が好都合な年金を得ることを確認する。
㈤ 祭具一式に関して、また歳入に関しても、合法で当然支払われるべき負債が支払われ、弁済されることを確認する。
㈥ 最後に手元に残った貨幣、プレート、宝石および装飾品（Ornaments）のすべてをロンドン塔に運搬する。

コミッショナーたちの任務は、ヨークシャーのみならず、当然のことながら、他の州においても、前掲の解散指図書（263－271頁）と同じ内容の指図書が与えられ、同様の任命が行われたと想像される。任務がスムーズに成就されるように、あらゆる場所において、すべての市長（Mayors）、シェリフ（Sheriffs：州長官）、ベイリフ（Bailiffs：代官）、コンスタブル（Constables：警官）に、国王の役人

（Officers）、大臣（Ministers）および、この場合に彼らが所属する地域の臣民（Subjects）に、事情をしっかり諭示《ゆし》するように注意が与えられた。[43] 選出されたコミッショナーたちはまた、みずからの簡単な自己推薦書（humble recommendations）をクロムウェルに送り届けたようである。[44]

しかし、地元コミッショナー（Local Commissioners）は、任命されて間もなく古い者たちに入れ替えられなければならなかった。というのは、クロムウェルのコミッショナーとまったく意見が合わない報告をしたからである。[45] たとえば、この段階に至って、ノーサンプトンシャー Northamptonshire のケイツビー Catesby 女子修道院（ベネディクト派）[46] で修道女たちが、「信仰心が厚く、私たちがこれまで見てきた、あるいは見たいと思うような立派な服従」[47]（religious decent and of as good obedience as we in time have seen or be like to see.）の生活を維持していると報告し、また同州のセント・ジェームズ大修道院 James abbey に関しても、同様の好意的な報告をした。そのために国王ヘンリの機嫌を損ねることとなったのである。ジョージ・ギフォード[48] George Gifford は、このことについて、クロムウェル宛に書簡を送り、その中で次のように言及している。

閣下、最近、仲間と私とがノーサンプトンシャーのセント・ジェームズ大修道院とケイツビー女子修道院とに好意を寄せて、王室増加収入裁判所長官宛てに書状をしたためましたが、その好意の書状を長官が国王殿下にお示しになりましたがために、殿下のご機嫌を損ねるところとなりました。長官が、私の従者でありますトマス・ハーパー Thomas Harper におっしゃいましたごとく、すなわち、おっしゃいますには、私どもが謝礼金をもらい、それがこのように私どもに書かせたみたいだと。またそれが私に（本当のことを＝工藤註）書くことを恐れさせたに違いないと……[49] (Sir, forasmuch as of late my fellows and I did write unto Mr. Chancellor of the Augmentations in the favour of the abbey of Saint James and the nunnery of Catesby in Northamptonshire, which letter he shewed unto the King`s highness in favour of these houses, where the King`s highness was displeased, as he said to my servant Thomas Harper, saying that it was like that we had received rewards, which caused us to write as we did, which might put me in fear to write……)

国王ヘンリは、謝礼金や賄賂を受け取るコミッショナーを直ちに告訴した。[50]すでにコミッショナー任命書にも、えこひいき、詐欺、虚偽、不正行為、換言すれば、策略のない調査を行い、真実のみ報告するように警告されていたのである。[51]つまり、このことは、「悪い」修道院を没収するというもはや決定済み・承認済みの基本的立場に立脚した上での警告であった。したがって、せっかく修道院解散という段階にこぎつけてまで、修道院に好意的ないわば正直な報告をされるということは、国王ヘンリのもとより望むところではなかったのである。修道院の破壊者ヘンリおよび総代理クロムウェルの魂胆を、ひとりギフォードのみ知らなかったとは到底考えられない。とすれば、なにゆえ大胆にも彼ギフォードは、セント・ジェームズ大修道院とケイツビー女子修道院以外にも、新たにウールスロープ小修道院[52] Woolstrope priory の存続までも当局へ願い出なければならなかったのだろうか。この段に至って、修道院の存続を願い出たコミッショナーは、ギフォードだけではなく、他のコミッショナーの報告も、「修道者たちにほとんど一様に好意的であり」（These are almost uniformly favourable to the religious)、ときには修道者たちの助命を同様に当局に懇願しているのである[53]。その証拠の一例として、コミッショナーによって、調査の途上にクロムウェル宛に送られた二通の書簡を見てみたい。最初の一通は、前述のジョージ・ギフォードのものである。

書簡1　六月十九日、レスターシャー[54] Leicestershire のギャレンドン大修道院 Garrendon abbey（C派）にて、ジョージ・ギフォードよりそこ（ウールスロープ小修道院＝工藤註）の支配人は、修道院にとって大変良い夫でありますし、それに近隣の全住民によく愛され、真に正直者で、正しく良い説教をする聖職者で、敬虔に暮らしている八人の修道者を従えており、私たちはこれに匹敵する美徳の特質をいずこにも見出したことがありません。と申しますのは、修道者たちはおのおの刺繍、非常に公正な写本、自身の衣服づくり、彫刻、絵画ないし彫版（graffing）ができるし、役立てられるのでありまして、これ以外の者はだれ一人ございません。いかなる中傷も悪い風聞もない修道院で、荒れ地にしっかりと孤立して建ち、彼らが費やす領地の半分では維持され得ないような……歓待を守り続けておりますし、その上多くの貧しい住民がほとんど日常的に安心していて、私たちは同類のものをいまだ曾て見たことがありません……。私は、上に申しましたウールスロープの存続は、国王陛下にとりまして意味があることを、閣下に懇願申し上げます。陛下のご慈悲によりまして、ここに居ります貧しい臣民どもの救済のために、多くの慈悲深く価値ある行為となるでしょうし、また閣下は、ここに居りますこれらの修道者たちが続けてお祈りするだけでなく、この修道院の周囲四ないし五マイル以内のすべての住民もまた心からお祈りをすると確信なさるでありしょう。かく機知の欠如ゆえに、私は大胆にも閣下に心から率直に啓上申し上げます……[55]（The governor whereof is a very good husband for the house, and well beloved of all the inhabitants thereunto adjoining, a right honest man, having 8 religious persons being priests of right good conversation and living religiously, having such qualities of virtue as we have not found the like in no place; for there is not one religious person there but that can and doth use either embroidering, writing books with very fair hand, making their own garments, carving, painting or graffing. The house without any slander or evil fame, and stands in a waste ground very solitary, keeping such hospitality that …… it could not be maintained with half so much lands more as they may spend, such a number of the poor inhabitants nigh thereunto daily relieved, that we have not seen the like,…… I beseech you to be a mean unto the King's majesty for the standing of the said Woolstrope, whereby his grace shall do a much gracious and a meritorious act for the relief of his poor subjects there, and ye shall sure not only to have the continual prayer of those religious persons there, but also the hearty prayer of all the inhabitants within 4. or 5. mile about that house. And this for lack of wit I am bold to write unto you the plainness of my heart, ……)

書簡2　七月二十八日、ウォリックシャー(56) Warwickshire のマックスストック(57)小修道院 Maxtock priory（A派）にて、コミッショナーより

そこ（ウォリックシャーの女子修道院＝工藤註）に年齢六〇歳のマダム、

アリス・フィッツハーバート Alice Fitzherebert と呼ばれる女子大修道院長がおりますが、大変哀《かな》しい、控えめで、敬虔な女性であり、二七年そこの最高責任者および支配人をして参りました。院内には、院長の規則下に、貞淑で敬虔な一二名の修道女が居りまして、私たちが聞き知る限りでは、良好な話し合いを保ち、私たちの調査や公然の名声……によっても、修道女のだれ一人として還俗《げんぞく》しようとする者もその習慣や宗教を見捨てようとする者もおりません。それゆえに私たちの意見では、もしそれが閣下のお望みと一致しますれば、上記の女子修道院が解散されずにこのまま存続しますように……閣下が、国王殿下の仲介者としまして、正しい善行と功績のある行為となるかも知れません……。またポレスワース Pollesworth の町には四四の借家があり、鋤一つさえなく、ただ職人、労働者、宿屋の主人が居りまして、上記の女子修道院で事実上の生計を立てております。そして、そこの修理と修繕は、ときには三〇人、ときには四〇人かそれ以上の人数で暮らし、正しく徳高く育てられる、ジェントルマンの子供や寄留者のために行われております。町と女子修道院は、固い土壌と不毛の土地にありまして、私たちの推定では、もし女子修道院が抑圧されますれば、町はその後間もなく破滅と衰退に陥るでしょうし、そこに居ります一二〇人か一四〇人の人々は自己の生活を捜し求めて放浪も同然になります……[58]（Wherein is an abbess named dame Alice Fitzherbert, of the age of 60. years, a very sad, discreet, and religious woman, and hath been head and governor there 27. years, and in the same house under her rule are 12. virtuous and religious nuns, and of good conversation as far as we can hear or perceive, as well by our examinations as by the open fame …… and never one of the nuns there will leave nor forsake their habit and religion. Wherefore in our opinions, if it might so stand with your lordship`s pleasure ye might do a right good and meritorious deed to be a mediator to the King`s highness for the said house to stand and remain unsuppressed, ……And in the town of Pollesworth are 44. tenements, and never a plough but one, the residue be artificers, labourers, and victuallers, and live in effect by the said house, and the repair and resort there is made to the gentlemen`s children and sojourness that there do live to the number sometime of 30, and sometime 40 and more, that there be right virtuously brought up. And the town and nunnery standeth in a hard soil and barren ground, and to our estimations, if the nunnery be suppressed, the town will shortly after fall to ruin and decay, and the people therein to the number of 6. or 7. score persons are not unlike to wander and to seek for their living, ……)

以上の二通の書簡の共通点は、修道院の社会的・地域的機能の重要性を説き、解散を免除してほしいと当局に願い出ている点である。このことは、修道院の社会的・地域的機能がいかに重要な役割を果たしていたかを如実に示している。修道士や修道女たちは、真面目な宗教活動はもちろんのこと、開墾や農作業などの諸種労働・生産活動、慈善活動および貧民救済活動など、さまざまな活動に従事していた。修道士は、諸種労働および生産活動などに従事し、貧民救済事業に当たった。さらに、修道院は、通例、孤立した不毛の土地に建てられるケースが多かった。そのために、近隣の住民は、生活の拠所を修道院に頼ると同時に、修道院側も周囲の俗人に種々の面で助けられたのであり、両者の相互依存関係は、常に密接な結びつきをもって構成されていたのである。[59]書簡２からも窺えるように、修道院が弾圧されれば、院内外の住民が困窮を余儀なくされ、路頭に迷わなければならないという不幸な事態も少なからず発生したと想像される。

デヴォンシャーDevonshire[60]のExtereにあったセント・ニコラス小修道院St, Nicholas' priory（Ｂ派）では、解散を阻止しようと、民衆の反動（Popular Reactions）が起こった。事件の首謀者は、市内の一部の婦人連――ジョーン・

リーヴ Joan Reeve、エリザベス・グランドフィールド Elizabeth Glandfield、アグネス・コラトン Agnes Collaton、アリス・ミラー Alice Miller、ジョーン・リード Joan Reed その他――で、コミッショナーたちが修道院の巡察を済ませて夕食に出かけたあと、中から教会（修道院ではなく church とあり、教会修道院と呼ばれるものがあった＝工藤註）の扉を固く閉ざし、その解体を阻止しようと抵抗した。そこで、市長のウィリアム・ハースト William Hurst や市参事会役員（Aldermen）その他の人々が、コミッショナーたちが夕食を終えて再び教会に戻って来る前に、大騒ぎして苦心の末、ようやく婦人連の全員を逮捕し、監房に送るという騒擾が発生している。(61) 結局、教会は解散されたが、このとき残って教会内の内陣桟敷を取り壊しにかかっていた男が、婦人たちの攻撃を逃れようとして逃げ、肋骨を一本折っている。(62)

このように、修道院が、社会的・地域的に不可欠の要素を多分に保持していたということは、以上の事実からも容易に推察できる。かかる騒擾は、規模は別として、すでに述べたように、何も北部の「恩寵の巡礼」だけではなかったのである。なかんずく、人里離れた奥地の修道院や人口の稀薄な地域にあった修道院の社会的・地域的重要性は、修道院が大きければ大きいほど、また、老朽の度合いが深ければ深いほど、地域共同体にとって一層かけがえのない価値をもっていたのである[63]。前述のコミッショナーのジョージ・ギフォードをはじめとする他のコミッショナーたちが、敢えて危険を承知の上で、修道院の存続や助命を当局に懇願するという無理な挙動に出た原因は、疑いなくこの点にあった。と同時に、このことは、修道院はすべて「悪徳の巣窟」[64]（dens of vice）と豪語した前回の第三回巡察による虚構のひどさと調査の杜撰《ずさん》さを明確に裏付けるものである。

第４節　存続勅許を得た修道院

ともあれ、国王ヘンリにとって修道院に好意的な報告は、歓迎できないものであったけれども、一五三六年の解散法が特別な修道院には危害を加えないと謳《うた》っている以上[65]、認めないわけにはいかなかった。その結果、解散の対象内に入っていた各方面の修道院から請願が行われた。大主教エドワード・リー Edward Lee はノーサンバランド Northumberland のヘクサム小修道院 Hexham priory（A派）[67]の請願を行い[68]、また主教のヒュー・ラティマー Hugh Latimer（１４８５頃―１５５５）は、おのおのの主教管区（Diocese）内で二〜三は助命されるべきであると考え、ウースターWorcester におけるマルヴァーン Malvern の小修道院（ベネディクト派）[69]の助命を請願している[70]。歴史家スミスは次のように言っている。「決定はクロムウェルに委ねられ、それはすべて彼次第の金銭の問題だった[71]」（The decision was left to Cromwell, and with him it was all a question of money.）と。クロムウェルは、一五三六年九月二十三日、ノリッジ Norwick にあったセント・フェイス小修道院 St. Faith priory（B派）[72]の院長に次のような一通の書簡を送った。すなわち、「私は、貴殿の修道院を助命する準備ができているが、骨折り賃にいくらか頂戴したいと存ずる」（I am ready to spare your house but think I will have something for my pains.）という趣旨のものであった。さらにまた同じく、ノーフォークシャーNorfolkshire のコークスフォード小修道院 Cokesford（または Coxford）priory（A 派）へも書簡（日付不詳）を送っている。[73] その中でも、「貴殿の修道院は、助命されましょう。私は貴殿に四〇ポンドの借用をお願いしたい」（Further I wyll thys premess consederyd wyche belonges <to> the welthe off yower howse that ye must do me some pleasure wyche ys to lend me xll.）と無心している。[74][75][76]

かくて一五三六年四月から一五三八年のミカエル祭までこのような解散免除のための免除金として、王室増加収入裁判所出納長（Treasurer）トマス・ポープ Thomas Pope――一五三六年四月二十四日に同職に就任した――が、その全責任を負って集金に当たることとなった。[77][78] それが〔表６〕に示した合計五二の修道院である。これらの五二の修道院以外に、ノーサンバランドのランブリー

Lambley 女子修道院（B派）、ヨークシャーのカークリーズ Kirklees 女子修道院（C派）にアップルトン Nun Appleton 女子修道院（C派）、バークシャーのビシャム Bisham 修道院（A派）も免除の対象に入っていたことが確かである[79]。

結局、ヒューズによれば、存続勅許を獲得した修道院は、四七であった（〔表8〕309頁）。しかしこれに対し、歴史家バーネット Burnet は三一[80]であると言い[80]、ガスケは五二[81]、スミスは五四[82]、ディケンズは約六七[83]と言い、それぞれ数が異なっており、一致していない。これらの諸説のうち、スミスも評価しているように――「ガスケは五二と言っており、より詳しいようである[84]」（i.e. “Gasquet says fifty-two, and seems better informed.”）――絶対とは言えないが、ガスケの説が最も正解に近いように思われる。加えて、作成の表からの厳密な考証によっても、筆者はガスケ説を支持したいと思う。

〔表６〕解散免除と免除金

修道院名	会派	州	認可年月日	免除金
アルバランド	C	カーマーゼン	1537. 4. 25	£400 0s. 0d.
アニック	P	ノーサンバランド	1537. 1. 30	£200 0s. 0d.
アーシントン	Cl(n)	ヨーク	1537. 3. 11	＊註①
ボーベール	Carth	ノッティンガムシャー	1537. 1. 2	£166 13s. 4d.
ビンドン	C	ドーセット	1536. 11. 16	£300 0s. 0d.
ビトルズデン	C	バッキンガムシャー	1536. 8. 17	£133 6s. 8d.
ブランチランド	P	ノーサンバランド	？	£400 0s. 0d.
ブルースヤード	Fran(n)	サフォーク	1537. 7. 4	£ 60 0s. 0d. 註②
バーナム	A(n)	バッキンガムシャー	1537. 7. 9	＊
キャノンリー	A(n)	デヴォンシャー	1537. 1. 30	£200 0s. 0d.
チャタリス	B(n)	ケンブリッジ	1537. 8. 17	＊
チェスター、セント・メアリーズ	B(n)	チェシャー	1537. 1. 30	£160 0s. 0d.
コークヒル	C(n)	ウースターシャー	1537. 3. 5	＊
コーカーサンド	P	ランカスター	1536. 12. 19	＊
コヴェントリー、チャーターハウス	B	ウォリック	1537. 7. 6	£ 20 0s. 0d.
クロックスデン	C	スタッフォード	1537. 7. 2	£100 0s. 0d.
デール	P	ダービー	1537. 1. 30	£166 13s. 4d.
デ・ラ・プレ	Cl(n)	ノーサンプトン	1536. 12. 13	£266 13s. 4d.
デニー	Fran(n)	ケンブリッジ	1536. 8. 28	＊
エグルストン	P	ヨーク	1537. 1. 30	＊
グレイス・デュー	A(n)	レスター	1536. 8. 17	＊
ハンポール	C(n)	ヨーク	1537. 3. 11	＊
ヘブニング	C(n)	リンカン	1536. 11. 27	＊
ハル・チャーターハウス	Carth?	ヨーク、E. R.	1536. 8. 28	£233 6s. 8d.
ハルトン	C	スタッフォード	1536. 10. 1	£ 66 13s. 4d.
ハンティンドン	A(?)	ハンティンドン	1536. 8. 17	£133 6s. 8d.
ケルドホーム	C(n)	ヨーク	1536. 12. 14	＊
カイム	A	リンカン	1536. 9. 2	£200 0s. 0d.
ランド	A	レスター	1537. 1. 30	＊
レイコック	A(n)	ウィルトシャー	1537. 1. 30	£300 0s. 0d.
リンブローク	A(n)	ヘレフォード	1537. 1. 8	£ 53 6s. 8d.
マリック	B(n)	ヨーク	1536. 9. 9	＊
ネテ	C	グラモーガン	1537. 1. 30	£150 0s. 0d.
ネセハム	B(n)	ダラム	1537. 7. 4	？
ニューカッスル、セント・バーソロミュー	B(n)	ノーサンバランド	1537. 3. 30	＊
ニューステッド	A	ノッティンガムシャー	1537. 1. 2	£233 6s. 8d.
ノーサンプトン、セント・ジェームズ	A	ノーサンプトン	？	£333 6s. 8d.
ポレスロエ	B(n)	デヴォンシャー	1537. 1. 30	£400 0s. 0d.
ポレスワース	B(n)	ウォリック	1537. 1. 30	£ 50 0s. 0d.
レプトン	A	ダービー	1536. 6. 12	£266 13s. 4d.
ルースター	A	スタッフォード	1537. 3. 11	£100 0s. 0d.
シャブ	P	ウェストモーランド	1536. 11. 16	£266 13s. 4d.
スタッフォード、セント・トマスズ	A	スタッフォード	1537. 7. 4	£133 6s. 8d.
スティックスウォルド	C(n)	リンカン	1536. 7. 9	£ 21 13s. 4d.
ストラスフローア	C	カーディガン	1537. 1. 30	£ 66 13s. 4d.
スタッドリー	B(n)	オックスフォード	1537. 1. 30	＊
スワイン	C(n)	ヨーク	1536. 10. 10	＊
タットベリー	B	スタッフォード	1537. 5. 3	＊
ウォリングウェルズ	B(n)	ノッティンガムシャー	1537. 4. 10	£ 66 13s. 4d.

ウィンチェスター、セント・メアリーズ	B(n)	ハンプシャー	1536, 8, 17	£333 6s. 8d. 註③
ウォレスクロフト	A	レスター	1537, 1, 30	£166 13s. 4d.
ワームズリー	A	ヘレフォード	1537, 1, 27	£200 0s. 0d.
合計				£5, 948 6s. 8d.

註① 表中の「＊」印の説明は本文にある。

註② ガスケの著書529頁には£２０とあるが、ヤングスによれば£６０の誤りではないかという（*Ibid*., p.220）。

註③ 同じく、ガスケの著書530頁には、£３３３ 6s. 3d.とある。
なお、表中の修道院名は、多少、綴りを異にするものもある。

出典：○Joyce Youings, *The Dissolution of the Monasteries, (Historical Problems, Studies and Documents. Edited by G. R. Elton.)* London, 1971. pp.220-222.

○F. A. Gasquet, *Henry VIII. and the English Monasteries; An Attempt to illustrate the History of their Suppression, Vol. I*, London, 1888. pp.471-478. *Vol. II*, 1889. pp.529-530.

○F. A. Gasquet, *English Monastic Life*, New York, 1971. pp.251-318.

○P. Hughes, *The Reformation in England, Vol. I, The King's Proceedings,* London, 1956. pp.298-299.

〔表６〕に記した合計五二のうち、ガスケは免除金として四〇〇ポンドを納めたノーサンバランドのブランチランド Blanchland 修道院を確認できないでいるようである。[85] したがって、一応、合計五二とは言っているものの、ガスケに明確なのは、このブランチランド修道院を除く合計五一の修道院だったと思われる。そこで、これらの五一の修道院について、ガスケは次のように言っている。

四六件はすでに再建されていた。五件はなお疑わしい。そして、これらの五一件のうち三三件以上はおのおの異なった個々人に前もって約束されていた。[86]

(Forty-six had already been refounded, five were still doubtful; and of these 51 no less than 33 had been previously promised to different private persons.)

この異なった個々人に前もって存続を約束していた合計三三の修道院あるいは女子修道院が納めた免除金額は、〔表６〕[87] に示した通りである。合計額は、五、九四八ポンド六シリング八ペンスとあるから、表と一致する。この額は、ガス

ケの著書が刊行された一八八八―九年頃の貨幣価値に換算して約六〇、〇〇〇ポンドの価値に相当したという。(88)

なお、表の免除金欄の「※」印の箇所に関しては、王室増加収入裁判所出納長のトマス・ポープがその決算を未だに終え切らないうちに、当該修道院の支配人によって国王に引き渡されたか、あるいは二年後の一五三八年に再び議会の決定によって解散されてしまったことを意味する。(89) よって、免除金は納めてなかったと思われる。

以上のことは、解散間際に修道院からできるだけ多く免除金を徴収し、あげくのはては、結局いずれ変わらぬ全財産の没収といったいわば詐欺的行為であった。(90) すなわち、かかるやり方は、クロムウェルの修道院解散を一貫して流れる基本的な姿勢であったことは言うまでもないだろう。

第5節　Comperts（調査結果[91]）証明書

前掲の解散指図書の〈指図16〉に見られるように、コミッショナーは調査結果である簡潔な証明書（brief certificate）を来たる九月二十九日のミカエル祭のオクティーブ中に、王室増加収入裁判所の大法官府（Chancery）に提出しなければならなかったようである[92]。

それでは、その証明書とは具体的にどのような内容でいかなる書式のものであったのだろうか。すなわち、いかなる点を具体的に調査したのかということを、次の六点の史料[93]によって状況の把握に努めたい。

史料１　トーティントン小修道院 Priory of Tortington: 聖アウグスティヌス会のブラック・キャノン Black canons of the order of St. Augustine の調査結果証明書

(a)第一回調査の年価値　七五ポンド一二シリング三ペンス二分の一
(b)今回の新調査による年価値　八二ポンド九シリング四ペンス二分の一
(c)増加分　六ポンド一七シリング。すなわち、(d)直轄地　四〇シリング
(e)宗教家　六名。そのうち、
(f)司祭　五名
(g)修練士　一名
(h)不節制な者（Incontinent）　一名
(j)資格希望者（desiring capacities）　四名。他は他修道院へ移ることを希望。
(k)使用人　一二名。そのうち、
(m)臨時使用人（Waiting Servants）　二名
(n)作男（Hinds）　八名
(p)女性の使用人　二名。かつての院長は、一〇ポンドの辞職年金を有せり。
(q)売却されるべき鐘・屋根葺き鉛板――ゼロ――およびその他建物等の見積り

二〇ポンド。当該修道院は全般的に老朽化。

(r)動産全価値　三九ポンド五シリング二ペンス

(s)農夫（Farmers）の備品　ゼロ。(t)当修道院の債権　一三ポンド三シリング六ペンス二分の一

(u)森林　六〇エーカー。すべて二〇年以上、エーカー当たり一三シリング四ペンスとして四〇ポンド

(v)共同放牧地（Common Pasture）　八〇エーカー

(w)狩猟園（Parks）　なし

(y)負債〔当院による〕　一二ポンド一六シリング八ペンス

史料２　ボックスグローブ小修道院 Priory of Boxgrove：聖ベネディクト会のブラック修道士 Black monks of the order of St. Benedict の調査結果証明書

(a)一四五ポンド一〇シリング二ペンス二分の一

(b)一四八ポンド一四シリング
(c)六三シリング九ペンス二分の一
(d)八シリング二ペンス
(e)九　(f)八　(g)一　(h)存在せず　(j)八　(k)二八　(m)一〇
(n)八　(p)二　子供八　(q)一三ポンド六シリング八ペンス〔屋根葺き鉛板なし〕。建物の状態良好
(r)八三ポンド一五シリング　(s)ゼロ　(t)ゼロ
(u)六〇エーカー。すべて二〇年以上、エーカー当たり一〇シリングとして三〇ポンド
(v)六〇エーカー　(w)なし
(y)コミッショナーの手元の帳簿よりとりわけ明らかとなった当院の負債　四二ポンド一〇シリング六ペンス四分の一

史料3　ヘースティングズの新しい小修道院 New priory of Hastings: 聖アウグスティヌス会のブラック・キャノン Black monks of the order of St. Augustine の調査結果証明書

(a)五一ポンド九シリング五ペンス二分の一

(b)四七ポンド二シリング一ペンス二分の一。したがって、今や海水に浸《つ》かったピースマーシュ **Peasmarsh** にある所有地の減少分　四ポンド七シリング四ペンス。増加された私有地　四シリング八ペンス。

(e)四　(f)三　(g)一　(h)四　(j)四　(k)六　(m)四　(p)二

(q)二〇ポンド〔屋根葺き鉛板なし〕。建物全体的に老朽化

(r)一六ポンド一四シリング七ペンス

(s)ゼロ　(t)ゼロ

(u)一〇〇エーカー。すべて二〇年以上、エーカー当たり三シリング四ペンスと見積もって一六ポンド一三シリング四ペンス

(v)ゼロ　(w)ゼロ
(y)一二ポンド一三シリング四ペンス

史料4　ミケラム小修道院[94] Priory of Michelham: 聖アウグスティヌス会のブラック・キャノン Black canons of the order of St. Augustine の調査結果証明書

(a)一六〇ポンド一二シリング六ペンス
(b)一六三ポンド一四シリング六ペンス
(c)六二シリング　(d)ゼロ　(e)九　(f)八　(g)一　(h)存在せず
(j)全員　(k)二九　(m)一八　(n)一一
(q)三〇ポンド。建物の状態良好
(r)五五ポンド一四シリング四ペンス　(s)ゼロ
(t)九ポンド一五シリング二ペンス

(u)八〇エーカー。すべて二〇年以上、エーカー当たり一三シリング四ペンスと
見積もって五三ポンド六シリング八ペンス

(v)家畜四〇頭分　(w)なし

(y)二六ポンド九シリング一ペンス

史料５　シュルブレッド小修道院 **Priory of Shulbred:** ブラック・キャノン **Black canons** の調査結果証明書

(a)七二ポンド一四シリング一〇ペンス二分の一

(b)七五ポンド一七シリング六ペンス二分の一

(c)六二シリング八ペンス

(d)四六シリング八ペンス

(e)五　(f)全員　(g)ゼロ　(h)存在せず　(j)四　(k)一三　(m)五

(n)六　(p)二。かつての院長は一二ポンドの辞職年金を有せり

(q)五三シリング四ペンス〔屋根葺き鉛板なし〕。建物の状態良好
(r)三〇シリング　(s)ゼロ　(t)ゼロ　(u)一〇〇エーカー　(w)ゼロ
(y)〔記録欠損〕

史料6　ダーフォード大修道院 Abbey of Durford: プレモントレ会のキャノン Canons of the order of Prémontré

(a)九八ポンド四シリング五ペンス
(b)九八ポンド一七シリング九ペンス
(c)一三シリング四ペンス　(d)ゼロ　(e)九　(f)八　(g)一　(h)ゼロ
(j)全員　(k)二四　(m)八　(n)一二　(p)四
(q)二〇ポンド。建物十分な状態にあり
(r)六三ポンド一六シリング　(s)ゼロ　(t)ゼロ(95)

以上、六例だけの史料ではあるが、史料から読み取れる傾向は、値踏み調査委員による修道院の年価値＝(a)が、実際より幾分低く見積もられていたということである。この点をまとめると、〔表7〕のようになる。これは、より正確に精査したということであろう。さらにもう一つ、教区付司祭としての資格希望者＝(j)が圧倒的に多かったという事実である（註28参照）。

第6節　解散された「小」修道院

一五三六年の解散法によって解散の対象となった自治修道院（Autonomous Houses）の数は、〔表8〕（309頁）の通り、全部で二九一であった。[96] そのうち、いたるところで社会生活に恒久的存在となっていた二四四の修道院、つまり、年純収入二〇〇ポンド以下の「小」修道院が、実際に解散されたのである。

〔表７〕解散時の見積り額の増大

金額単位：ポンド

州	修道院数	値踏み調査委員見積り額（A）	解散時見積り額（B）	(B) − (A) 増加率
レスターおよびラトランド	8	729	811	11.2
ウォリック	10	857	1027	19.8
ハンティンドン	3	375	446	18.9
ハンプシャー	6	637	795	24.8
ランカスター	6	480	657	36.8
サセックス	6	603	619	2.7
ウィルトシャーおよびグロスタシャー	10	1003	1095	9.2
スタッフォード	10	1055	1520	44.1
ノーフォーク	10	835	879	5.3
合　計　（増加率は平均値）	69	6574	7849	19.4

出典：D. Knowles, *The Religious Orders in England, Vol. III, The Tudor Age*, Cambridge U. P., 1971. p.312.

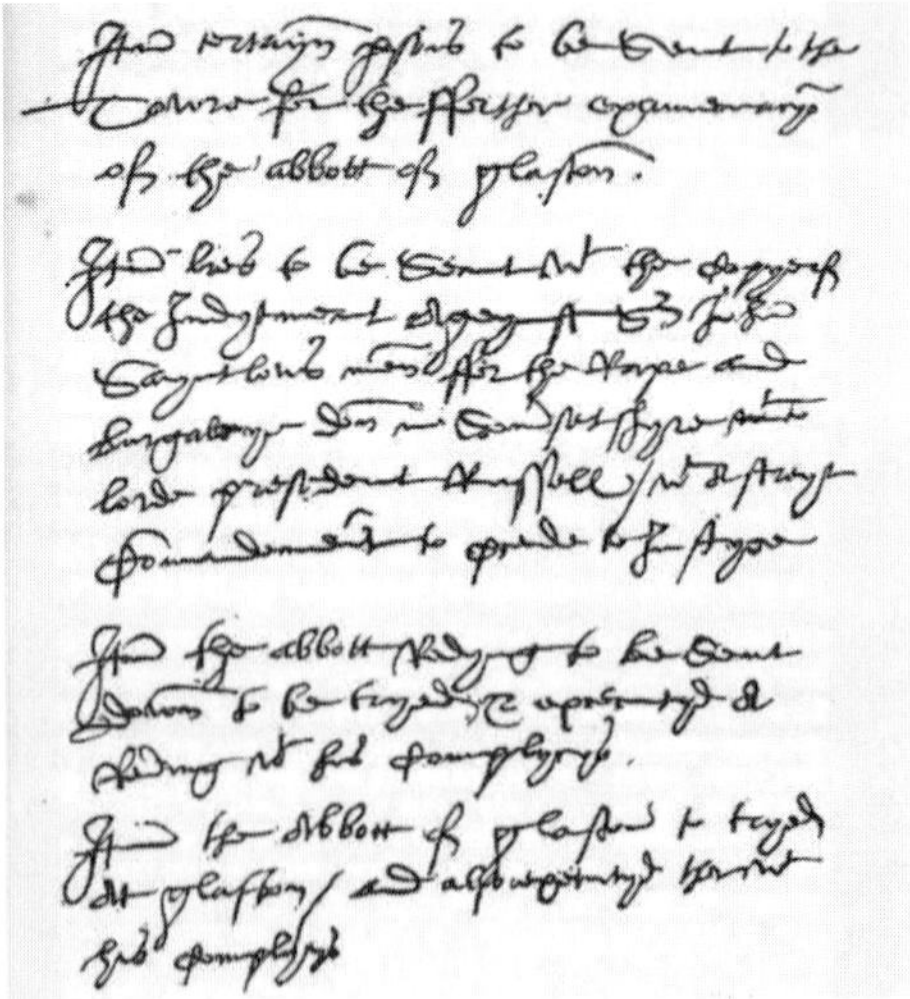

トマス・クロムウェルの直筆覚書

出典：F. A. Gasquet, *The Last Abbot of Glastonbury and Other Essays*, Books for Libraries Press, New York.1970.

〔表８〕解散修道院数と存続勅許を得た修道院数

	会　派	自治修道院	解散法の対象	解　散	存続勅許
男子	アウグスティヌス修道参事会	154	107	98	9
	ベネディクト修道会	68	13	13	—
	シトー派修道会	56	22	18	4
	プレモントレ修道参事会	31	23	17	6
	ギルバート会	19	17	17	—
	クリュニー派修道会	16	7	7	—
	カリタス修道会	9	2	2	—
	小　計	353	191	172	19
女子	ベネディクト修道会	73	60	49	11
	シトー派修道会	24	23	15	8
	アウグスティヌス女子修道参事会	12	11	6	5
	プレモントレ女子修道参事会	2	2	2	—
	クリュニー派女子修道会	2	2	—	2
	クララ会	3	2	—	2
	小　計	116	100	72	28
合　計		469	291	244	47

出典：P. Hughes, *The Reformation in England, Vol. I, The King's Proceedings*, London, 1956. p.295.

〔表９〕５ブロック地域の比較

地　域	広さ (sq. mi.)	修道院数	解散数(A)	未解散数(B)	(A)収入合計（£）	割合（%）	(B)収入合計（£）
リンカン（Lincolns.）	2,600	46	34	12	2,346	31	5,152
ノーフォークおよびサフォーク	3,470	40	28	12	2,397	28	6,026
ヨーク東部（East Yorks.）	3,300	44	25	19	1,725	19	7,312
北部（North）	10,600	46	19	27	1,656	15,5	9,053
西部七州	8,253	75	25	50	2,322	6,7	23,179

出典：P. Hughes, *The Reformation in England, Vol. I, The King's Proceedings*, London, 1956. p.296.

しかし、ディケンズによれば、年純収入二〇〇ポンド以下の修道院は三〇四で、そのうち約二三七が実際に解散されたとあり[97]、また、キャノン・ディクソン Canon Dixon は、「小修道院のうち、三七六が新法令の対象下に入り、解散された」[98]（Three hundred and seventy-six of the smaller monasteries came under the new act, and were dissolved.）とあって、決定的な結論を下すことは困難である[99]。トレヴェリアン G. M. Trevelyan の名著『イギリス史』（*History of England.* London, Longman, Green and Co., 1972）のごとき権威ある概説書にも解散された修道院数は記述されていない[100]。ゆえに、この問題に触れること自体危険と言えば危険なのではあるが、あえて触れるとすれば、ヒューズの説がもっとも一般的なように思われる[101]。

そこで、ヒューズ説に従って説明して行くと、〔表8〕の通り、法令の影響下に入った二九一の修道院のうち、一九一が男子修道院で、一〇〇が女子修道院だった[102]。女子修道院の場合、この数は女子修道院全体の約六分の五近くだった[103]。

また、これらの二九一の修道院には、歳入がわずかに二〇〇ポンドの半分にしか満たない小規模な修道院が一七一もあって、この一七一のうちで最低九七以上の修道院は年収五〇ポンドにも満たなかった。[105] とくにアウグスティヌス修道参事会（Austin Canons）は打撃を被り、一五四の修道院のうち一〇七の修道院が解散の対象となり、九八の修道院が実際に解散された。これらの解散された九八の修道院は、二九が歳入一〇〇ポンドから一五〇ポンドの間であり、六四以上の修道院が歳入一〇〇ポンドに満たなかった。[105]

女子の修道会はとくに貧しく、多くはわずか数エーカーの私有地しか所有しておらず、そこからあがる農産物は、最低限の生活以外の何物も供給できなかったと言われる。[106] 今や弾圧されようとしている合計一〇〇の女子修道院も、三二の修道院は等しく年収二五ポンド以下だった。[107]

これらの「小」修道院は、ほとんどが貧しく、また事実大変貧窮だったように、その総収入も、王国のすべての修道院財産から見れば、ほんの僅かな値でしかなかったと言えよう。[108] すなわち、純収入総額一三六、三六一ポンドのうち、これら「小」修道院、つまり二九一の「小」修道院の純収入の合計額は僅か一八、三五五ポンドに過ぎなかったのである。[109] 確かに、全体から見れば、僅かではあったが、この一八、三五五ポンドという金額は、「それにもかかわらず、壮観で痛ましいものだった」[110](What had happened was none the less spectacular and disturbing.)のである。

また、修道院の解散は、最終的に、「全部で約五〇〇〇人[111]の修道士、一六〇〇人の托鉢修道士、二〇〇〇人の修道女が、年金を与えられて放逐され、世俗に送り出された」[112](In all, about 5,000 monks, 1,600 friars, and 2,000 nuns were pensioned off and sent out into the world.)のではあったが、「小」修道院解散の時点においては、弾圧の危機に見舞われた二九一の修道院に伴って、約一五〇〇人の宗教家たちを連座させただけだった。[113] 各修道院共同体は、以上のことから、平均五人ないし六人の小グループから構成されていたことが分かる。[114] それと、一五三六年、「小」修道院解散で注目に値することは、〔表8〕（309頁）からも明らかなように、托鉢修道士の修道院はほとんど弾圧されなかったという点であろう。彼らは、托鉢を生業とするいわば乞食僧であり、そのようなイメージが彼らを救ったのではないだろうか。

第7節　解散状況

1　北部地方

ここで言うイングランド北部とは、〔地図B・C〕（320－321頁）に示したごとく、線を引くとすれば、シュルーズベリーShrewsbury からストーク Stoke を通ってシェフィールド Sheffield まで、シェフィールドから北上してティーズ Tees へ、そのまま東の北海 North Sea に抜ける、この線以北がいわゆるここで言うイングランド北部に相当する。

一五三五年にこの線の北西部における広大な地域では修道院数は全部で四六に過ぎなかった。そしてこのうちの一九が、一五三六年に解散されただけであった。[115] 解散を免れた二七の修道院のうち一三の修道院が存続勅許を得た修道院だった[116]（〔地図C〕参照）。とくに線で東西に分断されたヨークシャー西側の地域では、エグルストン小修道院 Eggleston, P.——一五三七年一月三十日に認可——に、アーシントン女子修道院 Arthington, Cl.——同年三月十一日に認可——、カークリーズ女子修道院 Kirklees, C.——認可年月日不詳——、メリック女子修道院 Marrick, B.——一五三六年九月九日に認可——といった四つの修道院が存続を許可された。

このように、北部地方において、年純収入二〇〇ポンド以下の「小」修道院が解散されずに比較的多く残されたのは、北部地方の不満分子＝「恩寵の巡礼」を慰撫するための差しあたっての和解策に他ならなかった。[117] と言うのは、事実、これらの修道院は、一五三九年に至って結局はすべて解散されたからである。[118]

２　東部地方

(1)　リンカンシャーLincolnshire

東部地方には、大きくてよく発展した大修道院が九つあった。[119] そのうち八つが男子大修道院で、一つが女子大修道院だった（〔地図Ｂ・Ｃ〕320－321頁参照）。小修道院は三七あったが、これらのうち、一五三六年の解散法は、三四を弾圧した。[120] 結局、弾圧を免れた小修道院は、解散免除金を納めたヘブニング女子修道院 **Hevening, C.** とスティックスウオルド女子修道院 **Stixwold, C.** の二つの女子修道院および男子アウグスティヌス修道参事会に属するカイム小修道院 **Kyme** だけだった（〔地図Ｃ〕参照）。

(2)　ノーフォーク Norfolk

大・小の修道院を合わせて二六のうち、一八が弾圧された。[121] すなわち、ノーフォークにおける小修道院の全部が弾圧されたようである。[122] 免除金のリスト――

―〔表6〕（295-296頁）の中にも同州の「小」修道院がまったく見出されない。

(3) サフォーク Suffolk

サフォークには、大修道院が三、小修道院が一一あったが、以上のうち、弾圧されたのは一〇だった。[123] たった一つ存続勅許を得た「小」修道院は、ブルースヤード Brusyard にあったフランシスコ会女子修道院 Franciscan だった。[124] この女子修道院は、一五三七年七月四日に存続の認可を得ている（〔表6〕参照）。

(4) ヨークシャー Yorkshire 東部

ヨークシャーの東半部は、宗教家にとって絶好の定住地であった。修道院は低い谷間に沿って群集し、あるいは大草原の全域に、あるいはイースト・ライディング East Riding の平地に、さらにこれら以北の高原に密集していた。[125]

一五三五年、ヨークシャーのこの東半部に全部で四四の独立した自治修道院があった。[126] そのうち男子修道院が一一、女子修道院が一四、合計二五の「小」修道院が破壊された[127]（〔地図B・C〕参照）。国王ヘンリによって存続が許された残りの一九のうち、四つは女子「小」修道院で[128]、〔地図C〕（321頁）に明示したように、ケルドホーム女子修道院 Keldhome, C.——一五三六年十二月十四日に認可——、ナン・アップルトン女子修道院 Nun Appleton, C.——認可年月日不詳——、スワイン女子修道院 Swine, C.——同年十月十日に認可——、ハンポール女子修道院 Hampall, C.——一五三七年三月十一日に認可——だった。その他一四は、大修道院であり、うち一つはギルバート修道会 Gilbertine に属するワトン女子修道院 Watton だったことが判明している[129]。

なお、リンカンシャー、およびヨークシャーの東半部には、イングランド東部における修道院建造物全体のおよそ三分の二以上が存立しており[130]、保守的な地域であった。したがって、「恩寵の巡礼」——一五三六年九月から翌年二月にかけて修道院解散に反対して起こされた謀反（rebellion）というよりはむしろ示威《じい》運動[131]（demonstration）——が勃発したのもごく自然のことであったと言えよう。

3　西部地方

西部と呼ばれる七州[132]に関しては、一五三六年の解散法が及ぼした影響は、以上述べて来た東部地方――イングランド全域の五分の二に近い――に比し、微細なものでしかなかった[133]。

西部には、大変しばしばその起源がノルマン・コンクェストよりも数世紀遡る立派な大修道院が存立していた。すなわち、ウィンチェスターWinchesterの修道院大聖堂monastic cathedrals、ウースターWorcesterやバスBathの修道院大聖堂である。グラストンベリGlastonbury、グロスターGloucester、イーブシャムEvesham、テュークスベリTewkesbury、リーディングReading、シューダHudeなどのほか、女子修道院の最大級のものとして、シャフツベリーShaftesbury、ウィルトンWilton、エイムズベリーAmesbury等が挙げられよう[134]。

この西部地方における全修道院数は、七五――第2章第1節、〔表1―A・

Ｂ」（78－81頁）によると、バークシャーBerks 七、ハンプシャーHants 一五、ドーセットシャーDorset 一〇、サマセットSomerset 一六、ウィルトシャーWilts. 一四、グロスターGloucester 一三、ウースターWorcester 一〇で合計八五であり、この合計から僧庵の合計一〇を差し引くとちょうど七五となり、数が一致することが分かる――で、これらのうち、四六が大修道院であったと考えられる[(135)]。そして七五のうちの二五が弾圧されたのである。したがって、弾圧を免れた小修道院は、歴史家ヒューズによれば、四つということになるのである[(136)]が、しかしこの数字にはやや問題があるように見受けられる[(137)]。以上見てきたことをまとめれば、〔表９〕（309頁）のようになるであろう。

なお、イングランド中部地方＝ミッドランドにおける修道院の解散状況に関しては、〔地図Ｂ・Ｃ〕を見ても分かるように、完全な統計史料がなく、具体的に詳述することは困難である。ウェールズに関しても、その修道院数は、イングランドに比し、僅少ではあったが、詳細な解散状況を把握することができない。

〔地図B〕「小」修道院解散前の修道院の分布状況

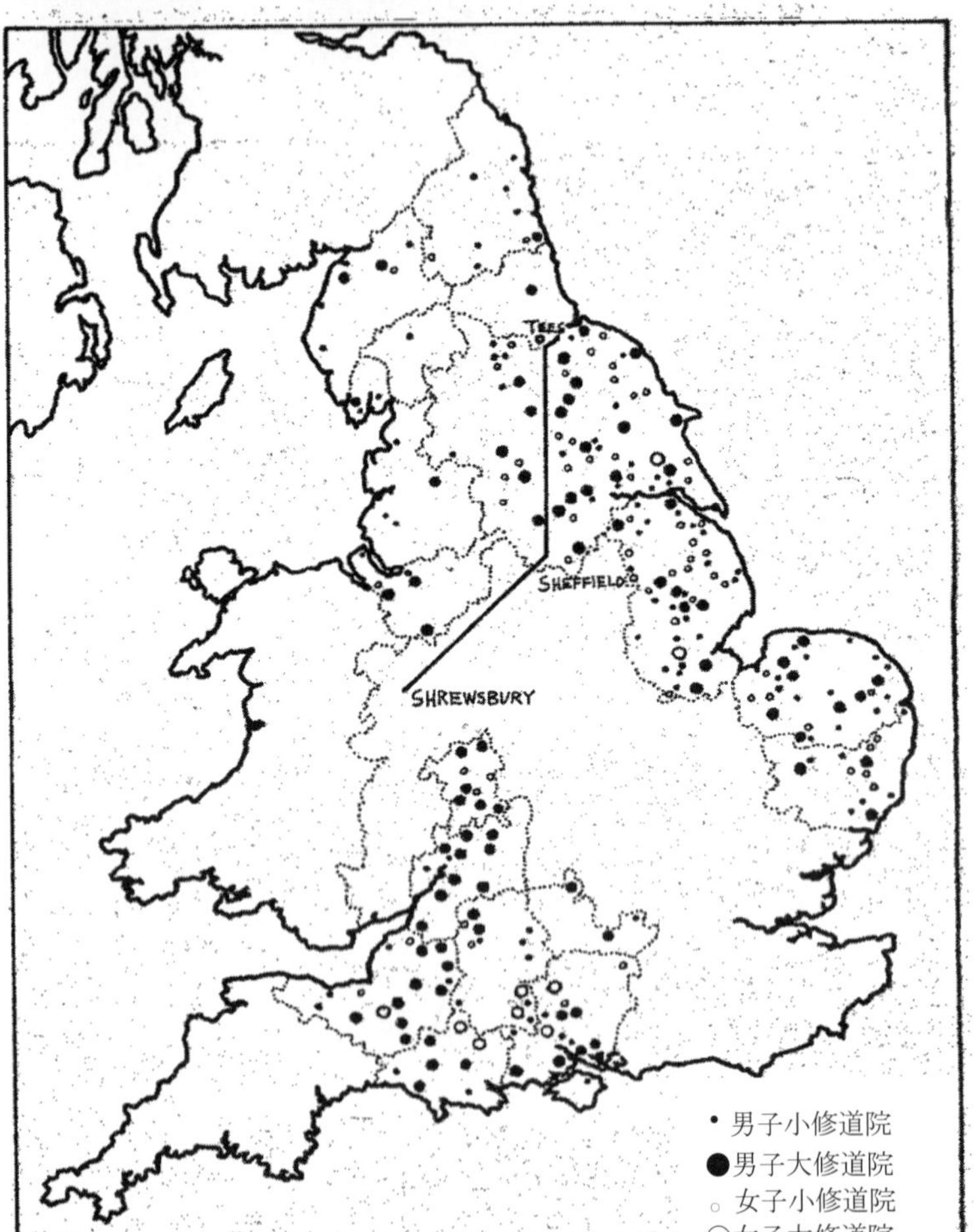

〔地図Ｃ〕「小」修道院解散後の修道院の分布状況

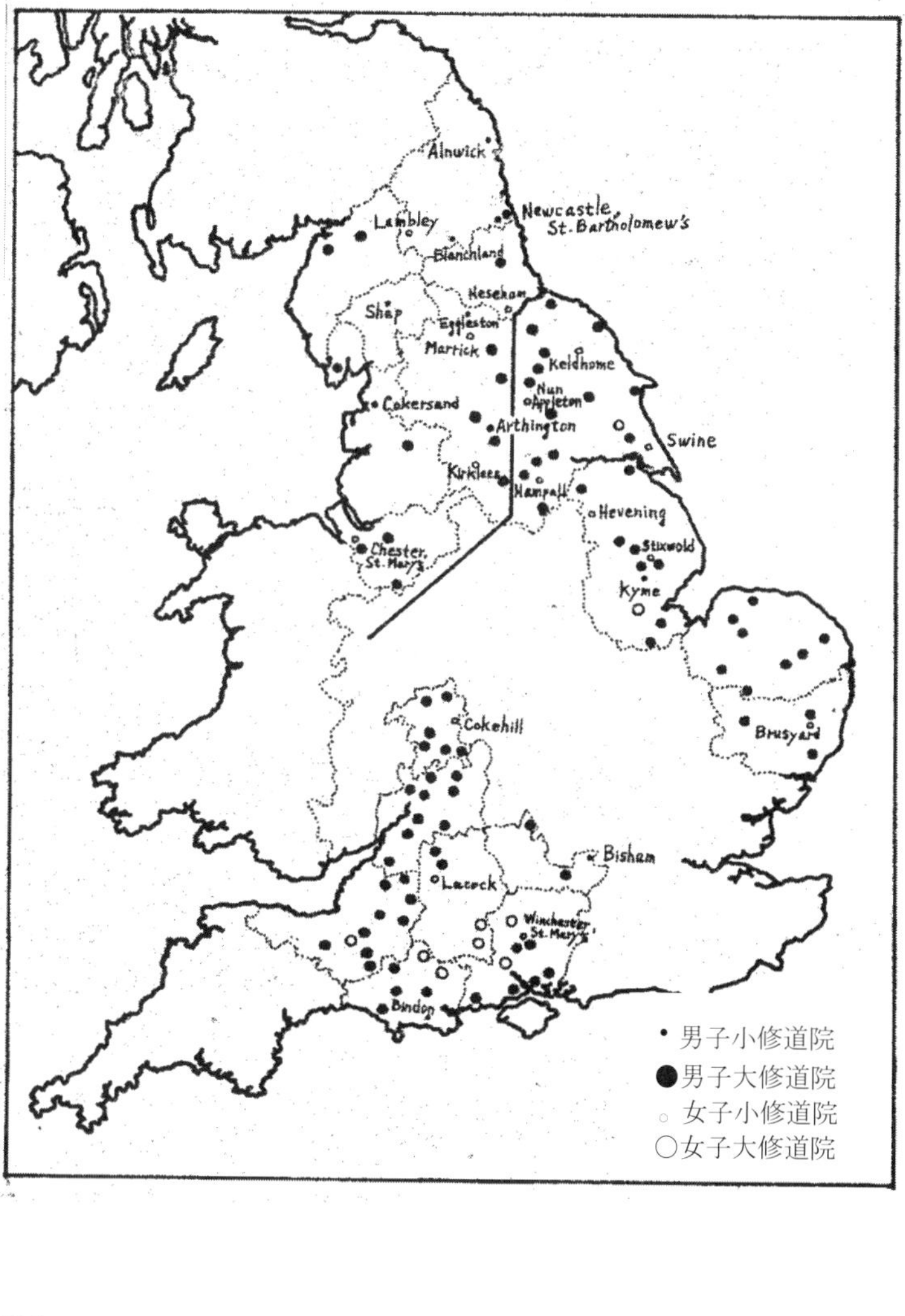

〔地図B〕および〔地図C〕の出典は次の通り。

○P. Hughes, *The Reformation in England, Vol. I, The King's Proceedings,* London, 1956. pp. 298–299. をベースとし、

○F. A. Gasquet, *Henry VIII. and the English Monasteries: An Attempt to illustrate the History of their Suppression, Vol. II,* London, 1889.

○F. A. Gasquet, *English Monastic Life,* New York, 1971.

○J. Youings, *The Dissolution of the Monasteries,* London, 1971. p. 219, note 1, p. 220. により一部補足・修正。

なお、この二枚の地図には、托鉢修道会の修道院および四三の聖ヨハネ騎士団の建物は含まれてない。地図中の凡例の大・小修道院は自治修道院をさしており、僧庵（付属修道院）を含めない。

註

（1）27 Henry VIII, c. 28. Cf. C. H. Wiilliams, *op. cit.*, pp. 771–774; J. Youings, *op. cit.*, pp. 155–159.

（2）P. Hughes, *op. cit.*, p. 294. 修道院解散法が法律となった時点において、巡察使たちはまだその任務を完全に終了してなかった（G. W. O. Woodward, *op. cit.*, p. 77）。

（3）H. M. Smith, *op. cit.*, p. 78.

（4）この時の様子を歴史家サー・ヘンリ・スペルマンSir Henry Spelmanは、次のように伝えている。「議案が庶民院に長くひっかかって通過できなかった時、王はそのギャラリー——そこでは王が午後も遅くまで庶民院議員たちを待機させる場所である――にて、午前中に出席することを庶民院議員たちに命じ、次いで王の部屋から出て来て、一、二回議員の間を歩き回り、そして一方を腹立たしげに見、次いでもう片方に向かって言った。『余の議案は通過しないそうだが、余は議案を通過せしめるか、さもなくばお前たちの首をいくつかもらおう』(I hear that my Bill will not pass, but I will have it pass, or I will have some of your heads.)と。王はこれだけ言うとみずからの部屋に立ち去った(Sir Henry Spelman, *A History of Sacrilege, Masters,* 1853. p. 206, quoted in H. M. Smith, *op. cit.,* p. 79)。これは脅しと言うべきであろう。

(5) Cf. H. M. Smith, *op. cit.,* p. 79.

(6) 修道院の解散から直接ないし間接に俗人が利益を得るという保証はそれまでは認められていなかった(*D. R.,* p. 142)。

(7) Edward Hall, *Chronicle,* 1809. p. 818, quoted in H. M. Smith, *op. cit.,*

p. 79

（8）27 Henry VIII, c. 28.

（9）M. Powicke, *op. cit.*, p. 28.

（10）27 Henry VIII, c. 28.

（11）27 Henry VIII, c. 28.

（12）27 Henry VIII, c. 28.

（13）G. W. O. Woodward, *op. cit.*, p. 77.

（14）*Ibid.*

（15）*Ibid.*

（16）*D. R.*, p. 142.

（17）E. Hall, *op. cit.*, *II*, p. 268. quoted in *D. R.*, p. 143.

（18）P. Hughes, *op. cit.*, p. 297. 修道院全体を廃止するという決定は、一五三八年初期、すなわち恩寵の巡礼粉砕を成功裡に収めたおよそ一年後に行われたようである（G. W. O. Woodward, *op. cit.*, p. 78)。

（19）G. W. O. Woodward, *op. cit.*, p. 77.

（20）G. Baskerville, *English Monks and the Suppression of the Monasteries.* p. 218; F. A. Gasquet, *Henry VIII and the English Monasteries, vol. II*, pp. 203–237.

（21）G. Baskerville, *op. cit.*, pp. 129, 233; F. A. Gasquet, *op. cit.*, *vol. II,* pp. 238–276.

（22）J. Youings, *op. cit.*, p. 160.

（23）J. Youings, *op. cit.*, pp. 160–163.

（24）27 Henry VIII, c. 27; Cf. J. Youings, *op. cit.*, pp. 196–205; C. H. Williams, *op. cit.*, pp. 505–506. 巻末〔別表〕（364－365頁）参照。

（25）屋根葺き鉛板、鐘は、地金としてその価値が見積もられた（P. Hughes, *op. cit.*, p. 294)。

（26）作成された財産目録はロンドン市に送り返されたことは言うまでもない（*Ibid.*）。

（27）「共同体は壊され、建物は破壊され、土地は奪われ、動産は売り払われてしまった」とある（P. Hughes, *op. cit.*, p. 295）。このようなことは、すでに解散を予知していて、多く行われていたようである。

（28）バスカヴィルは、解散後の修道士を、次のように三つに区分している。

㈠年金を受領した大修道院長と小修道院長

㈡自己の住居を去り、教区付司祭として勤める世界に帰ることを欲した者

㈢天職を強く自覚し、なお存続していた立派な修道院に移ることを欲した者

一五三六年、「小」修道院を解散に追い遣《や》ったコミッショナーの報告書が部分的にのみ現存しているため、幾人の聖職者が他の修道院へ移ったか、また教区付司祭としての世界に入っていったかは分からないとしている（G.

Baskerville, *op. cit.*, p. 146)。これについて、ディケンズは、㈡㈢のいずれか一方を申し出た下級の修道士たちのうち、完全な統計は残っていないが、前者（教区付司祭）のコースをとった弱い天職の修道士の数が、無論、厖大だったとしている。とくに、イングランドで最大のグループであったアウグスティヌス修道参事会は、平時には一般に、その修道院に専有された教区に奉仕さえしていたのであり、そのため教区付司祭となることを容易に引き受ける傾向にあったと（*C. E.*, pp. 131–132)。なお、教区付司祭として生きたいと願う者たちはとりあえずカンタベリー大主教へと移送された。

（29）*C. E.*, pp. 131–132.　年金は、王室増加収入裁判所の地方役人によって半年毎に正式に支払われた（M. Powicke, *op. cit.*, p. 30)。

（30）*D. R.*, p. 144.　富岡次郎『イギリス農民一揆の研究』（創文社、一九六五年）二三五―二四五頁、栗山義信「初期テューダー財政研究――王室増加収入裁判所――」（『岐阜大学学芸部研究報告――人文科学』第一三号、一九六四年）参照。

（31）M. Powicke, *op. cit.*, pp. 29–30.

（32）J. Youings, *op. cit.*, p. 162, note 5.

（33）P. Hughes, *op. cit.*, p. 294.

（34）*Ibid.*

（35）H. M. Smith, *op. cit.*, p. 79.

（36）D. Knowles, *op. cit.*, p. 305.

（37）G. Burnet, N. Pocock, *op. cit.*, *IV*, pp. 304–307, quoted in P. Hughes, *op. cit.*, p. 294.

（38）*Ibid.*

（39）*Ibid.*

（40）C. H. Williams, *op. cit.*, p. 770; D. Knowles, *op. cit.*, p. 479.　他に各州のコミッショナーは次のごとくであった〔イタリック体（斜字体）は、

今や主として王室増加収入裁判所役人と見なされる者、※印は値踏み調査委員として奉仕したことが知られる者を示す。同姓同名は同一人物」。

○ブリストルBristol; トマス・ホワイトThomas White、ニコラス・ソーンNicholas Thorne、リチャード・ポーレット *Richard Paulet*、ウィリアム・バーナーズ *William Berners*

○グロスタシャーGloucestershire; ジョン・ウォルシュ John Walshe、エドマンド・テイムEdmund Thame、リチャード・ポーレット*Richard Paulet*、ウィリアム・バーナーズ*William Berners*

○ハンティンドンシャーHuntingdonshire; ジョン・グッドリッチ(※) John Goodryk、ウィリアム・リーWilliam Legh、トマス・コンブ Thomas Combes

○ハンプシャーHampshire; サー・ジェームス・ウォースリー(※)Sir James Worseley、ジョン・ポーレット(※)John Paulet、ジョージ・ポーレット（※）George Paulet、リチャード・ポーレット*Richard Paulet*、ウィリアム・バーナーズ*William Berners*

○レスターシャーLeicestershire; サー・ジョン・ネヴィル（※）Sir John Nevell、ロジャー・ラトクリフ（※）Roger Ratclyff、ウィリアム・アシュビーWilliam Asheby、ジョン・ボーモント（※）*John Beaumont*、ジョージ・ギフォード*George Gifford*　ロバート・バーゴイン*Robert Burgoyn*

○ノーフォークNorfolk; サー・ジョン・タウンゼント（※）Sir John Towneshend、サー・ウィリアム・パスタ（※）Sir William Paston、リチャード・サウスウェル（※）*Richard Southwell*、トマス・ミルデマイ*Thomas Myldemaye*

○ラトランドRutland; トマス・ブルーデネル（※）Thomas Brudenell、デイヴィッド・セシルDavid Cecill、ジョン・ハリントン*John Harrington*、ジョージ・ギフォード*George Gifford*　ロバート・バーゴイン*Robert*

Burgoyn

○ウォリックシャーWarwickshire；ジョン・グレビルJohn Grevyll、ロジャー・ウィグストンRoger Wygston、サイモン・マウントフォードSymon Mountford、トマス・ホルテThomas Holte、ジョージ・ギフォード*George Gifford*　ロバート・バーゴイン*Robert Burgoyn*

○ウィルトシャーWiltshire；サー・ヘンリ・ロング（※）Sir Henry Long、リチャード・ポーレット*Richard Paulet*、ジョン・パイ*John Pye*、ウィリアム・バーナーズ*William Berners*

○ノーサンプトンシャーNorthamptonshire；エドマンド・ナイトリーEdmund Knyghtley、ジョン・レーン（※）John Lane（十代目会計監査官）、ジョージ・ギフォード*George Gifford*　ロバート・バーゴイン*Robert Burgoyn*

○リッチモンド大執事管区Archdeaconry of Richmond；サー・ウイリアム・マロリーSir William Mallory、サー・ジョージ・ローソンSir George

Lawson、ロバート・ボウズ Robert Bowes、ウィリアム・ブライズマン（※）*William Blitheman*、ジェームズ・ロケビー（※）*James Rokeby*（D. Knowles, *op. cit.*, pp. 478–479)。

（41）マニュスクリプト史料ではこの部分はブランクになっている。「教会の富」という意味の語句が記されていたものと思われる。H.M.スミスは、「これを暗号で書く必要はない。なぜなら、諸卿はこれを公然と宣言するから」とある（H. M. Smith, *op. cit.*, p. 78)。この点、やましさが感じられる。

（42）C. H. Williams, *op. cit.*, pp. 770–771.

（43）*Ibid.*, p. 771.

（44）*Ibid.*, pp. 782–783. この点は、書簡の内容から推察される。

（45）H. M. Smith, *op. cit.*, pp. 79–80.

（46）F. A. Gasquet, *op. cit.*, *vol. II*, p. 549. Appendix V.

（47）T. Wright, *op. cit.*, p. 129, quoted in H. M. Smith, *op. cit.*, p. 80.

（48）本書註（40）参照。彼はこのとき、スタッフォードシャーStaffordshireとレスターシャーLeicestershireとを通過しつつあった。
（49）本書註（44）に同じ。
（50）H. M. Smith, *op. cit.*, p. 80.
（51）本書註（42）に同じ。
（52）この調査結果の証明書を、ギフォードは、ブラッドリー小修道院 Bradley priory、ウルネストン大修道院 Wolneston abbey、カービー・ベラーズ小修道院 Kirby Bellers priory、ギャレンドン大修道院 Garrendon abbey の証明書とともに、書簡が書かれた一日前の六月十八日に、甥のロジャー・カレル Roger Carell とクロムウェルの農夫の息子とに持たせて、クロムウェルに送っている (C. H. Williams, *op. cit.*, p. 782)。
（53）P. Hughes, *op. cit.*, p. 287.
（54）F. A. Gasquet, *op. cit.*, *vol. II*, p. 552. Appendix V.

（55）本書註（44）に同じ。
（56）F. A. Gasquet, *op. cit.*, *vol. II*, p. 556. Appendix V.
（57）本書註（40）参照。
（58）C. H. Williams, *op. cit.*, pp. 783–784.
（59）M. Powicke, *op. cit.*, p. 25.
（60）F. A. Gasquet, *op. cit.*, *vol. II*, p. 551. Appendix V.
（61）J. Youings, *op. cit.*, pp. 164–165.
（62）*Ibid.*, p. 164.
（63）M. Powicke, *op. cit.*, pp. 26–27.
（64）P. Hughes, *op. cit.*, p. 287.
（65）27 Henry VIII, c. 28.
（66）Cf. D. Mathew, *op. cit.*, pp. 141–145.
（67）F. A. Gasquet, *op. cit.*, *vol. II*, p. 553. Appendix V.

(68) T. Wright, *op. cit.*, p. 124, quoted in H. M. Smith, *op. cit.*, p. 80.
(69) F. A. Gasquet, *op. cit.*, *vol. II*, p. 556. Appendix V.
(70) T. Wright, *op. cit.*, p. 124, quoted in H. M. Smith, *op. cit.*, p. 80.
(71) H. M. Smith, *op. cit.*, p. 80.
(72) F. A. Gasquet, *op. cit.*, *vol. II*, p. 553. Appendix V.
(73) Roger Bigelow Merriman, *Life and Letters of Thomas Cromwell, 2 vols. Vol. II, Letters from 1536*, Clarendon P., Oxford, 1968. pp. 31–32.
(74) F. A. Gasquet, *op. cit.*, *vol. II*, p. 550. Appendix V.
(75) H. M. スミスは、括弧して、八〇〇ポンドと記している。
(76) R. B. Merriman, *op. cit.*, *II*, p. 49.
(77) Ken Powell and Chris Cook, *English Historical Facts 1485–1603*. The Macmillan Press, London and Basingstoke, 1977. p. 24.
(78) J. Youings, *op. cit.*, p. 220; F. A. Gasquet, *op. cit.*, *vol. II*, p. 20.

(79) J. Youings, *op. cit.*, p.219, note 1. 各修道会は、F. A. Gasquet, *op. cit.*, *vol. II*, Appendix V. pp.554, 557, 547.

(80) G. Burnet, N. Pocock, *op. cit.*, *IV*, p.22, quoted in H. M. Smith, *op. cit.*, p.80, note 7.

(81) F. A. Gasquet, *op. cit.*, *vol. II*, p.19.

(82) H. M. Smith, *op. cit.*, p.80.

(83) *D. R.*, p.143.

(84) H. M. Smith, *op. cit.*, p.80, note 7.

(85) Cf. F. A. Gasquet, *op. cit.*, *vol. II*, pp.129–130. Appendix I; J. Youings, *op. cit.*, p.220.

(86) F. A. Gasquet, *op. cit.*, *vol. II*, p.19, note.

(87) *Ibid.*, p.20; J. Youings, *op. cit.*, p.220.

(88) F. A. Gasquet, *op. cit.*, *vol. II*, p.19, note.

(89) J. Youings, *op. cit.*, p. 220.

(90) H. M. Smith, *op. cit.*, p. 80.

(91) 本来は、'Comperta'。司教が修道院を巡察した際、院内のモラルの状態などを調査した結果の報告書であるが、王立のコミッショナーはこれと区別するため、'Cmpert'という語を用いたようである（C. H. Williams, *op. cit.*, p. 782, note 1)。

(92) 本書註（42）に同じ。

(93) J. Youings, *op. cit.*, pp. 166–167. いずれもサセックスの修道院である。

(94) 参考までに、クロムウェルは一五三七年十月、一七一ポンド四シリング四ペンス二分の一の地代でこの修道院を掌中におさめた。財産没収によってクロムウェル自身かなりの修道院領地を取得したと考えられる（川本宏夫、前掲論文、一七四頁)。

(95) (t)以下の調査記録は、種々の理由により、コミッショナーが関係させられなかったようである（J. Youings, *op. cit.*, p. 167）。

（96）P. Hughes, *op. cit.*, p. 292.

（97）*D. R.*, p. 143.

（98）J. R. Tanner, *Tudor Constitutional Documents A.D. 1485–1603: with an historical Commentary*, London, 1971. p. 67.

（99）J. R. タナー Tanner および H. A. L. フィッシャー Fisher も C. ディクソン Dixon と同様、三七六であると主張している（川本、前掲論文、一六一頁、註(42)参照）。また、M. D. パーマー Palmer によれば、全部で二四三解散されたことになっている（M. D. Palmer, *op. cit.*, p. 61）。

（100）大野真弓監訳『イギリス史』（みすず書房、第一巻：一九七三年、第二巻：一九七四年）。

（101）今井宏「イギリス宗教改革とテューダー朝の発展」（誠文堂新光社『世界史大系』第九巻所収、一九五七年）、大野真弓編『新版イギリス史』（山川出版社、一九七〇年）等の代表的な概説書に、二四四とある。

（102）P. Hughes, *op. cit.*, p. 292.

（103）*Ibid.*, note 3.

（104）*Ibid.*, p. 292.

（105）*Ibid.*, note 4.

（106）G. W. O. Woodward, *op. cit.*, p. 76.

（107）P. Hughes, *op. cit.*, p. 292.

（108）*Ibid.*, p. 294.

（109）*Ibid.*, note 4. 約一三六、〇〇〇ポンドという金額は、一五三六年における王室全財産の三倍を上回る金額であった（M. D. Palmer, *op. cit.*, p. 62)。

（110）P. Hughes, *op. cit.*, p. 294.

（111）M. ポウィック Powicke によれば、約七〇〇〇人であった（*op. cit.*,

p. 24)。G. M. トレヴェリアン Trevelyan も解散時の修道士数を約七〇〇〇人であったとしている（*History of England*, London, 1972. p. 308)。したがって、ここで言う「五〇〇〇人」とは、あくまでも文字通り年金を与えられて放逐された修道士のみを指していると解釈すべきである。ということは、残りの約二〇〇〇人の修道士は年金を与えられなかったということになるのではないだろうか。

（112）G. M. Trevelyan, *op. cit.*, p. 124；藤原・松浦訳、前掲書、九四頁。

（113）P. Hughes, *op. cit.*, p. 292.

（114）*Ibid.*

（115）*Ibid.*, pp. 295–296.

（116）*Ibid.*, p. 296, note 1.　しかし、〔地図C〕（321頁）には、一二しか示されてない。いずれかが誤りと思われるが、J. ヤングス Youings および F. A. ガスケ Gasquet からも割り出すことはできなかった。

(117) *D. R.*, p. 143.
(118) *Ibid.*
(119) P. Hughes, *op. cit.*, p. 295.
(120) *Ibid.*
(121) *Ibid.*
(122) *Ibid.*, note 3.
(123) *Ibid.*, p. 295.
(124) *Ibid.*, note 4.
(125) *Ibid.*, p. 296.
(126) *Ibid.* しかし、地図には全部で四五示されており、一つ多い。
(127) *Ibid.*
(128) *Ibid.*, note 2.
(129) *Ibid.* F. A. ガスケによれば、ギルバート修道院は、解散時にイングランドに約二六あった。これらの約二六あったと思われるもののうち、年価値・純収入二〇〇ポンド以上あると見なされたのは、わずかに四つだけだった（F. A. Gasquet, *English Monastic Life*, New York, 1971. p. 229）。とすれば、ワトン女子修道院はそれらのうちの一つだったと考えられる。

（130）P. Hughes, *op. cit.*, p. 296.

（131）M. Powicke, *op. cit.*, p. 30.　このことについて、バーンByrneは次のように述べている。「恩寵の巡礼は、ヘンリの治世でもっとも注目すべき国内の危機だった。それは六ヵ月続いた。恩寵の巡礼は、武装蜂起にもかかわらず、厳密に言って謀反ではなかった。暴徒たちは、国王の鎮圧隊と同じくらい心から『国王万歳』と叫んだのであり、また彼らは、『神、国王、庶民および聖公会』（God, the king, the commons and the Holy Church）に心から誓いをたてたのである。それは地方におけるナチュラルな保守主義を表明する一つの大きな自発的感情の激発であった」（M. St. C. Byrne, *op. cit.*,

p. 139)。

わが国の研究では、富岡次郎「恩寵の巡礼の歴史的性格について」(『史林』三九巻二・三号、一九五六年)において農民一揆説が、また熊田淳美「恩寵の巡礼の宗教的要素について」(『西洋史学』四二号、一九五九年)において宗教運動的性格が強調されている。

(132) バークシャーBerks.、ハンプシャーHants.、ドーセットシャーDorset.、サマセットシャーSomerset.、ウィルトシャーWilts.、グロスタシャーGloucester.、ウースターシャーWorcester.をさす。

(133) P. Hughes, *op. cit.*, p. 296.

(134) *Ibid.*

(135) 純収入が一、〇〇〇ポンドもしくはそれ以上の、修道院の中でも最大の部類に入るのが全部で二二あったが、これらのうち一〇が西部地方に存在していた(*Ibid.*, note 3)。

（136）*Ibid.*, note 4.

（137）〔地図Ｃ〕（321頁）に示されているように、弾圧を免れた「小」修道院は、明らかに五つである。このことは、F. A. ガスケやJ. ヤングスによってもほぼ間違いないように思われる。すると、地図には、大修道院は四六ではなく四五しか示されてないから、この間、つまり大修道院と小修道院との間に数のやり取りの行き違いがあったのではないだろうか。

むすび

「私は確信する。全キリスト教世界がわれわれの味方である。おそらくこのイングランドでも、あなたがた裁判官と意見を同じくする者は少数に過ぎず、大多数の者は、恐怖心から、あるいははかない希望から、ただ外面的にあなたがたの意見に従っているに過ぎない(1)」

これは、カルトジオ修道会の三人の修道院長とブリジッティンズ修道会の院長リチャード・レイノルズ Richard Reynoldsらがヘンリの国王至上権に反対して、ローマ教皇の至上権を支持したが故に、国王ヘンリによって処刑されたときの言葉である。当時、托鉢修道士や修道女を除いて約七、〇〇〇人いたと想定されるイングランドの修道士たちは、教区付司祭（教区在住聖職者）や庶民と同様に、

「恐怖心から」ヘンリの国王至上権に服したものと考えられる。また「はかない希望」とは、ながい間無慈悲にイングランドの教会を搾取してきたローマ教皇よりも国王の方がまだましかもしれないという淡い期待を意味している。宗教改革の一環として実施された修道院の解散についても、期待はほとんどなかったが、かかる恐怖心が人々全体を覆っていたのである。

ヘンリ八世による「小」修道院の解散は、国王の財政窮乏に動機があり、あらかじめ計画された線に沿って短期間のうちに遂行されたものであった。一五三五年の修道院の巡察使たちの報告書の中には、虚構の甚だしいものが多く認められた。当代は、政治・法・行政および宗教の諸事にわたって、「バランスとフェアプレー」を欠いていた社会であり、(2) 時代の社会的風潮より推察するならば、修道院の解散は、さほど驚きに値する出来事でもなかったと言えよう。加えて、議会は、「議会における国王」(King in Parliament) という性格を如実に表していた。国王が何かにつけて、議会に圧力を加え、議会を意のままに利用し操ろうとしたのである。

一五三六年から三九年にかけて、「小」修道院に引き続いて、大修道院も、自発的に解散を享受したか、あるいは明け渡しを余儀なくされた。一五四〇年の修道院全体の没収は、王室に全財産を付与する一法令[3]によって仕上げられたのである[4]。つまり、修道司祭や托鉢修道士の修道会ことごとくは、かくして一五四〇年三月二十三日、ロンドン北東部のウォルサム大修道院の解散を最後に四年間でイングランド全域から消滅し、イングランド内に残された修道院は一つもなくなった[5]。ほんの試験的な国有化として開始されたものが、大規模な解散となって現実化したのである[6]。

修道院の解散は、ある意味で、無抵抗な限りにおいて、横領された人々には、驚くほどの熟慮が払われ、かつ秩序正しい効果的方法で遂行されたとも言える。十分な年金――下級の女子修道院を除いて、大修道院長および小修道院長の場合は十分だった――が割り当てられ、支払われた。すなわち、「物質的な難儀は驚くほど少なかった」[7]（There was astonishingly little physical suffering.）のであり、一つの無産階級を創り出すこともなかったと言われる[8]。

　しかし、この解散過程において、残念ながら、事実上、教皇権と絶縁すると誓った、つまり宣誓することによって公然と棄教した正直な宣誓者、無教育からくる単純な無知のゆえに自己を正直に偽誓した者、また悪徒の数、決心の固い背教者の数、無感覚な中立者の数、それに自己の真の信念に反して屈した弱者の数を、解明することができない[9]。

　いずれにせよ、最終的に、王室は通常の歳入をざっと二倍した、年一〇〇、〇〇〇ポンド以上という十分な付加収入を取得したのであった[10]。この点について、「国王は、これにより、およそ一〇〇、〇〇〇ポンドの土地の価値を得たが、王は、しばしば廷臣たちに資産を売却したり賃貸《リース》したので、国庫に一、五〇〇、〇〇〇ポンド近くを得た[11]」（The king gained lands worth about £100,000 from this, but as he often sold off or leased the properties to his courtiers, he gained nearly £1,500,000 for the royal coffers.）と言われている。けれども、かく取得した莫大な土地も、一五四二年以降、管理上の効力の衰退と、金のかかる戦争の復活とが、大規模な土地の譲渡を導出し、ヘンリの治世末期には、修道院解散とその土地売却で得た利益も、約三分の二が王室の手から離れ、ジェントリ（郷紳）らに渡ってしまう。ヘンリの子エドワード六世（在位１５４７―１５５３）治世の終りまでには、王室は、これらの新たに入手した土地の僅かしか保有していなかったのである。[12]

一方、国王ヘンリによる土地の売却によって、最終的に多くの土地を獲得したのは、ジェントリ階層をはじめとして、当時台頭しつつあった新興の商人やヨーマン（独立自営農民）階層だった。[13]彼らは、土地を巧みに購入し、王国の有力な部分であるいたる所に修道院の土地を保有し、利益を増すことに成功したのである。[14]ヨーマンに限って言えば、「十六世紀のヨーマンは農業資本家を分娩する」[15]ことになったのである。すなわち、このことは、今まで眠っていた土地の潜在的価値が、所有者が代わったことによって十二分に発揮され、ナショナルな富の形成に貢献することとなったのである。換言すれば、最後の中世的な封建勢力に終焉をもたらしたことを意味すると同時に、当時すでに勃興していた羊毛工業および新たな地主制の形成と発展になお一層拍車をかけたことは何ら疑問の余地がない。周知のように、すでに領主や地主たちは、牧羊経営＝商業資本主義を目的としてみずからの耕作地を生け垣や塀で囲い込み、羊を飼うために小作農を耕作地から追い出すという状況にあった。大法官トマス・モア——国王至上権を認めなかったために大逆罪に問われて処刑された——がその著書『ユートピア』の中で述べた有名な言葉——「羊が人間を食い殺す」というエンクロージャー（第一次囲い込み運動）は、すでに十五世紀末から展開していたのである。すなわち、資本主義に基づくナショナルな富の形成は、ガスケの指摘するような修道院の解散の結果、「新人」によって直接的に引き起こされたのでは必ずしもなく、すでに進行しつつあった時代の流れの中で引き起こされた出来事であったと解釈すべきであろう。
修道院解散は、きわめて事務的に行われた。[16] それは、未だ十分に踏査されなかった社会変革を生ぜしめたことは疑いない。物事の伝統的秩序を大きくゆさぶり、地方の生活における古いコネクションを破壊し、かつ国王至上権の保持に強力な既得権を与えた。古い権利の絶滅として、修道院の解散は、「絶対権力の所業」[17]（an act of absolute power）以外の何物でもなかったと言える。そして、イングランドにおける教会組織の大々的な再構築の一部であった。[18]
さらに、修道院解散のもっとも広く及んだ影響の一つは、修道院が、聖職推挙権（Advowson）を保持していた教会に対し、牧師（カトリックでは司祭・神父）を主教に推薦する権利（Rights of presentation）を個人の手に委ねたことであった。[19] つまり、古い世紀が過ぎ去り、聖職者・牧師（Clergy）の新時代が、新たな保護者《パトロン》=国王によって準備されたのである。

なお、最後に国王の総代理で解散修道院領を取得して大いに繁栄したトマス・クロムウェルについて一言付け加えておこう。[20] 修道院解散の中心人物として懸命に国王に尽くした宰相トマス・クロムウェルは、その当の主君ヘンリによって結局斬首刑にされたのである。処刑の理由は一体いずこにあったのだろうか？

ヘンリ八世は、みずから宗教改革を起こす以前の一五二一年という早い時期に、ローマ教皇レオ一〇世から「信仰の擁護者」の称号を授与されていた。その授与の理由は、ヘンリが、「七つの秘蹟を擁護する書」を書いて、ルターの説——カトリックの七つの秘蹟《サクラメント》に関する解釈で、ルターはこれらの七つの儀式のうち、洗礼と聖餐以外は聖書に根拠がない迷信と断じた——を否定し、カトリック教会を擁護したことによるものであった。[21] このことから類推して、ヘンリ八世のキリスト教に対する信念は、基本的にはカトリックそのものだったと理解できる。ヘンリは、己の信仰心とは関係なく、みずからの最初の王妃キャサリンとの離婚問題を解決するために、離婚を認めないローマ＝カトリック教会とあえて訣別したに過ぎない。このようなヘンリの信仰心が、ヘンリの右腕クロムウェルを死に追いやる原因となったとも考えられる。さらに、輝かしい出世を遂げるクロムウェルに対するライバルの廷臣たちの嫉妬もあったのだろう。一介の下院議員に過ぎなかったクロムウェルは、エセックス伯爵に叙され、さらに式部長官に昇りつめたのである。

クロムウェルは、政敵たちによって、数々の「罪状」をでっち上げられた。クロムウェルがルターの「福音主義に強く共鳴し、とりわけ英訳聖書の普及に熱心」だった。このことについてはヘンリも十分に認識しており、これを問題視したわけではない。しかし、真実か否かは定かではないが、ルターの唱える信仰義認説をはじめ、聖体象徴説――カトリックのミサでのパンと赤ワインは実際のキリストの肉と血に変化するわけではなく、単にキリストの受難を象徴する儀式に過ぎないとする説――をクロムウェルが信奉し、主張しているとすれば話は別である。このことは、証拠がないにもかかわらず、クロムウェルがこの真理を受け入れさせるために「剣で国王と戦う」と公言したと誰かに密告されたのである。[22] 筆者（工藤）の想像に過ぎないが、これは出世するクロムゥエルを妬むライバルらによる、彼を陥れるための罠だったのではないだろうか。このような卑怯な手を使う人間は、昔も今も変わらずどこにでもいる（もしかしたら、クロムゥエル自身も、このような卑怯な手を使って出世して来たのかもしれないが……）。殊に宮廷という政治の舞台は、見方によっては、陰謀や権謀術数が渦巻く世界と映る。

またこれとは別に、クロムウェルの失脚を、ヘンリの四番目の妻ドイツのクレーヴのアンとの結婚トラブルに求める説もある。この結婚話は、クロムウェルの尽力によって成立したのであったが、結果的にヘンリの気に入るところとはならなかった。ヘンリは宮廷画家ホルバインの描いたアンの肖像画（366頁参照）を見て結婚を決めたのであるが、いざ実物を見るや失望したと言われる。しかし、クロムウェルの昇進は、この結婚騒ぎのあとに実現していることから類推すると、クレーヴのアンとの結婚トラブルが失脚の原因となったとは考えにくいという見方もある。しかし、ヘンリの性格を考えると、この結婚トラブルを処刑の理由としてまったく無視するわけにもいかない面もある。というのは、ヘンリはいったん相手を認めて譲歩し、みずからの寛大さを装う傾向があった。本心はまったく逆にもかかわらず、相手を許して安心させ油断させるのである。だが、実際は相手の破滅の機会を執念深くうかがい、みずからの王としての立場と品格を傷つけない形で、敵が隙を見せた瞬間にいっきに襲いかかるのである。この結婚問題がクロムウェルの隙になったとも考えられる。あの「恩寵の巡礼」を指導したロバート・アスクも同様の手口でヘンリに最終的に死刑に処されている。

結局、ヘンリは、何度も慈悲を懇願する哀れな臣下クロムウェルの叫びに一切耳を傾けなかった。クロムウェルは、他の大逆罪に問われた多くの人々と同様に、私権を剥奪されてロンドン塔に投獄され、一五四〇年七月二十八日、あわれ断頭台の露と消えたのである。それは、ヘンリに仕え、一五三四年の教会の国有化計画への着手から数えて、わずか六年目のことであった。

「修道士の鉄槌」と恐れられたトマス・クロムウェル

出典：A. G. Dickens, *Thomas Cromwell and the English Reformation,* The English U. P. Ltd,1972. 表紙カバーより

註

（1）八代崇『イギリス宗教改革史研究』（創文社、一九七九年）九二頁。
（2）Cf. *C. E.*, p. 130.
（3）32 Henry VIII, c. 45. Cf. C. H. Williams, *op. cit.*, pp. 507–508.
（4）G. R. Elton, *op. cit.*, p. 236.
（5）G. W. O. Woodward, *op. cit.*, p. 78.

イギリスの修道院は、この後の一八三三年、国教徒を国教会内につなぎとめることを目的とした、オックスフォード運動をきっかけとして、一八四五年に女子修道院が復活し、一八六五年に男子修道院（聖ヨハネ修道院）が復活した。これを経て、一九三〇年のランベス会議において修道院の復活が正式に承認された。
（6）*Ibid.*
（7）G. R. Elton, *op. cit.*, p. 236.
（8）M. Powicke, *op. cit.*, p. 26.
（9）P. Hughes, *op. cit.*, p. 290.
（10）G. R. Elton, *op. cit.*, p. 236.
（11）Robert Lacey, *The Life and Times of Henry VIII*, Weidenfeld and Nicolson, London, 1972. p. 158.
（12）G. R. Elton, *op. cit.*, p. 236.
（13）G. M. Trevelyan, *op. cit.*, p. 122; 藤原・松浦訳、前掲書、九三頁。
（14）G. R. Elton, *op. cit.*, p. 236.
（15）戸谷敏之『新版イギリス・ヨーマンの研究』（御茶の水書房、一九七六年）五一二頁。

（16）M. Powicke, *op. cit.*, p. 24.
（17）*Ibid.*, p. 30.
（18）*Ibid.*
（19）*Ibid.*, p. 33.
（20）以下の叙述は、陶山昇平『ヘンリー八世　暴君か、カリスマか』（晶文社、二〇二一年）および、指昭博編『ヘンリ8世の迷宮――イギリスのルネサンス君主』（昭和堂、二〇一二年）の内容を基本とし、それに筆者（工藤）なりの考えや推測を加えている。
（21）陶山昇平、同署、二三六―二四〇頁。
（22）同書、二三九頁。

〔地図A〕巡察行程参考図

Carlisle
Newcastle
Durham
Richmond
Fountains
Gisburn
Whitby
Malton
York
Hull

Lichfield
Leicester
Ludlow
Worcester Cath.
Evesham
Tewkesbury
Northampton
Ely Cath.
West Dereham
Norwich Cath.
Leiston
St. Osyth
Cambridge
Royston
Walden
Waltham
Reading
Abingdon
Bristol
Malmesbury
Bath
Lacock
Keynsham
Athelney
Bruton
Cleeve
Barlinch
Wilton
Bermondsey
Waverley
Leeds
Folkestone
1973.11.2.

〔別表〕ウェストミンスターにおける王室増加収入裁判所創設当初の職員

1 長官・所長(Chancellor and principal officer)	サー・リチャード・リッチ	年俸£300
	共同で｛サー・リチャード・リッチ サー・エドワード・ノース	
	サー・エドワード・ノース	
2 出納長・次官(Treasurer and second officer)	サー・トマス・ポープ	£120
	サー・エドワード・ノース	£300
	共同で｛サー・エドワード・ノース サー・ジョン・ウィリアムズ	
	サー・ジョン・ウィリアムズ	
3 法廷弁護士・三等役員(Attorney and third officer)	ロバート・サウスウェル	£90
	(１５４０年３月、報酬として、£５０増額)	
	ウォルター・ヘンリ	
4 事務弁護士・四等役員(Solicitor and fourth officer)	ロバート・サウスウェル	£20
	ウォルター・ヘンリ	£70
	(１５４０年３月、報酬として、£５０増額)	
	ニコラス・ベーコン	
5 森林部局長(Master of Woods) (1543年、事務局設立)	サー・トマス・ポープ	
6 森林測量官(Surveyor of Woods) (1537年、事務所設立)	ウィリアム・クーパー	£20
	共同で｛ウィリアム・クーパー デイヴッド・クレイトン	
	デイヴッド・クレイトン	
	ジェフリー・ゲイツ	
7 裁判所書記官 (Clerk of the Court)	リチャード・デューク	£10 £40に増額
8 記録管理官(Keeper of the Records)	ウォルター・ファー	(1日につき4d.) £6 1s. 8d.
	エドワード・ストラドベリー	£10
	(１５４７年5月１８日、終身官となる)	
9 守衛官(Usher of the Court)	ジェームズ・ジョンソン	(1日につき2d.) £3 10d.
10 伝達官(Messengers of the Court)	最初の任命ウォルター・スキナー	(1日につき4d.) £6 1s. 8d.
	のちの任命｛下級役人ジョン・ウォード ロバート・マケレル ジャスパー・ポンテ ヘンリ・アトキンソン 下級役人トマス・ティレル	

11	石工棟梁(Chief mason of the Court)	ロバート・シルヴェスター	£6 1s. 8d.
12	大工棟梁(Chief carpenter of the Court)	ジョン・パーカー	£6 1s. 8d.
13	購入地測量官・出納長(Surveyor and receiver-general of purchased lands)	ジェフリー・チェムバー ジョージ・ライト	£20
14	購入地会計監査官(Auditor of purchased lands)	ジョン・アシュトン リチャード・モディ	£20
15	木材販売出納官(Receiver of wood sales) (1543年、事務所設立)	ウォルター・ファー リチャード・ティレル	£20
16	木材販売会計監査官(Auditor of wood sales) (1543年、事務所設立)	グリフィン・ティンダル ジョン・ペルテ	£20
17	特定収入役17人 (Seventeen particular receivers)		£20 + 利益
18	会計監査官10人 (Ten auditors of the Court)		£20 + 利益
19	トレント川南部の執事長(Chief steward south of the River Trent) (1536年5月、事務所設立)	ノーフォーク公トマス・ハワード 代理人ニコラス・ヘア	£100 £20
20	トレント川北部の執事長(Chief steward north of the River Trent) (1538年2月、事務所設立)	トマス・クロムウェル 代理人ヘンリ・ポルステッド ウォールデン領主トマス・オードリー 代理人ジョン・ルーカス サフォーク公チャールズ・ブランドン 代理人ジョージ・セント・ポール	£100 £20 £100 £20 £100 £20
21	出納長の会計録監査事務所(Office of auditor of the accounts of the treasurer of the Court)	裁判所によって任命される正規会計監査官2人 常勤ウィリアム・バーナーズ 交替ジョン・ワイズマンかロバート・バーゴイン	£40 (各£20)
22	財務府裁判所配置の増加収入弁護士(Attorney for the Augmentations in the Court of the Exchequer)	トマス・アンドリュース	£5

出典:Walter C. Richardson, *History of the Court of Augmentations 1536-1554*, Louisiana State University Press, Baton Rouge, 1961. pp.492-494.

クレーヴのアン

出典：Neville Williams, *The Cardinal & The Secretary*, Weidenfeld and Nicolson, London, 1975.

あとがき

人は働きながら老いてゆく。夢中で働いているうちに、秋風が吹くように、あのころからはや半世紀が過ぎ去ってしまいました。私が学生のころは、七十年安保闘争の学生運動が激しく、大学は、登校すると突然ロックアウトになっていることがありました。授業を受けたくてもできないという満たされない日々が続きました——昨今の新型コロナウイルス禍による自宅待機ほどではありませんが。そのようなとき私は、大学の先生方のご自宅を訪問して歴史のお話等をお伺いしたり、神田の古本屋巡りをしたりして過ごしました。

また入学直後から、史学研究室に入りびたり、先生方や大学院生、学部学生の先輩や同輩・後輩の皆様方と親交を深めることができました。原稿を集めて史跡見学会のパンフレットを何度か作成したこともありますが、今と違って、当然ながらパソコンはなく、ガリ版印刷でした。あのベトベトしたインクをローラーに付けて、謄写版にころがし、一枚一枚印刷したことが、今では懐かしく思い出されます。日本史専攻の方々は、夏休みに、旧中山道和田宿（宿場町）で近世の地方《じかた》文書解読の合宿を行っておりました。私は、西洋史専攻の門外漢でしたが、敢えてお邪魔してご迷惑をおかけし、申し訳なかったと反省しております。地方文書研究会には何らの貢献もできませんでしたが、この合宿で歴史における一次史料の重要さを学びました。本文を一読していただければ、その成果が表れていることにお気づきになることと思います。学部の四年間の学生生活は、私にとりまして、かけがえのない青春時代の宝物です。本書は、このような学生生活の中から生まれた私の卒業論文であり、いわば青春時代の結晶と言えます。

出版するに当たって、最近の研究動向を少し調べてみましたが、本書で扱っている分野の研究論文は、第1章および第3章第4節の「恩寵の巡礼」を除いて見当たりませんでした。多分、修道院解散に至る「巡察」分野は魅力が乏しいからだと思います。ゆえに、本書を読んでみても、あまり楽しい内容ではないかもしれません。しかし、それでも本書に何らかの価値や意味を見出すとすれば、わが国の西洋史研究において、この分野にいくらかの光を当てることができたのではないかというほんのささやかな自負心があります。

本書はもちろん卒業論文そのままではなく、出版するに当たって可能な限り加筆や修正を加えました。とくに、第3章第4節の「恩寵の巡礼」は、卒業論文にはなく、新たに追加したものです。本節の内容に限り、註に示しましたように、外国語文献によらず、わが国の諸先輩・諸碩学の著書や論文の研究成果に依拠しております。指導教授（当時）の故・竹内《たけのうち》直良先生をはじめ、皆様方には大変お世話になりました。ここに記して感謝の意を表し、心から御礼申し上げます。

二〇二四年　十二月吉日

著　者

〔著者プロフィール〕

工藤長昭（くどう・としあき）

1950（昭和 25）年、秋田県生まれ

学　歴　明治大学大学院文学研究科史学専攻・博士前期課程修了

職　歴　神奈川県立高等学校教諭・総括教諭を経て、2024 年現在、同 希望ケ丘高等学校非常勤講師

著　書『信仰と道徳と人生』 2022 年

『エドワード四世の王領政策』ブイツーソリューション、2023 年

ヘンリ八世の修道院解散序説

2025 年 3 月 10 日　初版　第一刷発行

著者　工藤 長昭

発行者　谷村 勇輔

発行所　ブイツーソリューション

〒466-0848 名古屋市昭和区長戸町 4-40

電話　052-799-7391

ＦＡＸ　052-799-7984

発売元　星雲社（共同出版社・流通責任出版社）

〒112-0005 東京都文京区水道 1-3-30

電話　03-3868-3275

ＦＡＸ　03-3868-6588

印刷所　藤原印刷

万一、落丁乱丁のある場合は送料当社負担でお取替えいたします。

小社宛にお送りください。

定価はカバーに表示してあります。

　ISBN 978-4-434-35207-2

人名索引　（五十音順）

≪あ≫

アーサー王　213
アスク,ロバート Ask,Robert　228,231,357
アセクア,ジョージ・ド Athequa, George de　67
アシュビー,ウィリアム Asheby, William　331
アッシュ,ロバート Aske, Robert　131
アン・オブ・クレーヴ Anne of Cleves　133,136,356,366
アン・ブーリン(アン王妃)Anne Boleyn　43,100,117,133,136,141-2,233

≪い≫

イングワース,リチャード Ingworth, Richard　160
インノケンティウス三世　178

≪う≫

ウィグストン,ロジャーWygston, Roger　332
ウエスト West(司教)　57
ウェストン,サー・ウィリアム Weston, Sir William　68
ウォースリー,サー・ジェームス Worseley, Sir James　330
ウォルシュ,ジョン Walshe, John　330
ヴォーン,ジョン Vaughan, John　161
ウルジー,トマス Wolsey, Thomas　18,24,26,43,59,62,74,123,131,135,152

≪え≫

エヴァンズ,サー・ヒューEvans, Sir Hugh　192
エセックス(フォッケ),ジョン Essex or Focke, John　66
エディス,ウィリアム Edys William　67
エドワード四世 Edward IV　61,242
エドワード六世 Edward VI　166,351
エラーカー,サー・ラルフ(若)Elarker, Sir Ralph, the younger　274
エラスムス Erasmus　116,117
エリザベス一世 Elizabeth I　161

≪お≫

オードリー,トマス(大法官)Audeley, Thomas　146,163

≪か≫

ガードナー,スティーヴン Gardiner, Stephen　66,152
カール五世 Karl V　43,124,143
カレル,ロジャーCarell, Roger　334
カンペッジョ Campeggio　42-3,62,124

≪き≫

ギフォード,ジョージ Gifford, George　280-2,331-2,334
キャットン, ロバート Catton, Robert　66

キャサリン・オブ・アラゴン Catherine of Aragon 26, 42, 141-2, 180, 233, 354

≪く≫

クック（ファリンドン），ヒュー Cook or Faringdon, Hugh 67
グッドリッチ，ジョン Goodryk, John 330
クラーク，ジョン Clerk, John 65
グランドフィールド，エリザベス Glandfield, Elizabeth 290
クランマー，トマス Cranmer, Thomas 65, 152, 233, 246
グレゴリウス一世（教皇） 57
グレビル，ジョン Grevyll, John 332

≪こ≫

コラトン，アグネス Collaton, Agnes 290
コレット，ジョン Colet, John 116
コンスタブル，サー・マーマデューク Constable, Sir Marmad-Uke 274
コンブ，トマス Combes, Thomas 330

≪さ≫

サウスウェル，トマス Southwell, Thomas 160
サウスウェル，リチャード Southwell, Richard 331
サルコット（カポン），ジョン Salcot or Capon, John 66

≪し≫

シメオン Simeon 135
シャピュイ，ユースタス Chapuys, Eustace 43-5,124,143
ジョン王 King Johon 43

≪す≫

ストークスリー，ジョン Stokesley, John 67
スレイマン一世 Suleyman I 37

≪せ≫

聖エドマンド 211
聖トマス（カンタベリーの） 211
聖パウロ St. Paul 116
聖ベネディクト 21,118
聖ルイ（ルイ九世） St. Louis 178
セシル，デイヴィッド Cecill, David 331
セント・ローレンス St. Lawrence 150,211

≪そ≫

ソーン，ニコラス Thorne, Nicholas 330

≪た≫

タウンゼント，サー・ジョ Towneshend, Sir John 331
タンストール，カスバート Tunstall, Cuthbert 131

人名索引

≪ち≫

チャロナー,ロバート Challoner, Robert 275
チョーサーChaucer 21
チョムリー,サー・ロジャー(年長) Chomley, Sir Roger the elder 274

≪て≫

テイム,エドマンド Thame, Edmund 330
デカルト Descartes 194

≪と≫

トレヴェリアン Trevelyan, G. M. 310,341
トレゴンウェル,ジョン Tregonwell, John 128,160,198,204

≪な≫

ナイトリー,エドマンド Knyghtley, Edmund 332

≪ね≫

ネヴィル,サー・ジョン Nevell, Sir John 331

≪は≫

パイ,ジョン Pye, John 332
パウア,アイリーン Power, E. 20
パウル三世(教皇) Paul III 58
パーカー,マシュー(カンタベリー大主教) Parker, Matthew 155
バーゴイン,ロバート Burgoyn, Robe-rt 331-2
バスカヴィル博士,エドワード Bask-erville, Dr.Edward 161
パスタ,サー・ウィリアム Paston, Sir William 331
ハースト,ウィリアム Hurst, William 290
バトラー,トマス Butler, Thomas 67
バーナーズ,ウィリアム Berners, William 330-2
ハーパー,トマス Harper, Thomas 280
バブソープ,ウィリアム Babthorpe, William 275
ハモンド,ジョン Hamond, John 66
ハリントン,ジョン Harrington, John 331
ハワード,トマス(ノーフォーク公) Howard, Thomas 143

≪ひ≫

ピーター博士 Dr. Petre 160
ピート(枢機卿) Peto 58
ヒルシー,ジョン Hilsey, John 160, 197

≪ふ≫

フィッシャー,ジョン Fisher, John 132,135-6,147-8,185
フィッシュ,サイモン Fish, Simon 20,56
フィッツハーバート,アリス Fitzher-ebert, Alice 286
フォックス,ジョン Foxe, John 157
プライス,エリス Price, Elis 149, 161,197,243
プライス,カーネル Price, Colonel 151
ブライズマン,ウィリアム Blitheman, William 333
ブラウン,ジョージ Brown , George

197
フラー,ヒューFuller, Hugh　275-6
フラー,ロバート Fuller, Robert　65
ブルーデネル,トマス Brudenell, Thomas　331
ブレーク,ジョン Blake, John　67

≪へ≫

ベクウィズ,レナード Bekwith, Leonard　275-6
ベディル博士,トマス Dr. Bedyll, Thomas　158-9
ヘンリ二世 Henry II　43
ヘンリ七世 Henry VII　24
ペンリン,ジョン Penryn, John　68

≪ほ≫

ボウズ,ロバート Bowes, Robert　333
ポープ,トマスPope, Thomas　293-4,298
ボーモント,ジョン Beaumont, John　331
ホール,エドワード Hall, Edward　157,261
ポーレット,ジョージ Paulet, George　330-1
ポーレット,ジョン Paulet, John　330
ポーレット,リチャード Paulet, Richard　330-2
ボストン(ベンソン),ウィリアム Boston or Benson, William　66
ホルテ,トマス Holte, Thomas　332
ホルバイン(画家)Holbein　356
ホワイティング,リチャード Whiting, Richard　68,135
ホワイト,トマス White, Thomas　330

≪ま≫

マウントフォード,サイモン Mountford, Symon　332
マグダラのマリア　210
マーシャル(ベシュ),トマス Marshall or Beche, Thomas　67
マロリー,サー・ウィリアム Mallory, Sir William　332
マンズロー(アンセルメ),リチャード Munslow or Ancelme, Richard　65

≪み≫

ミラー,アリス Miller, Alice　290
ミルデマイ,トマス Myldemaye, Thomas　331

≪め≫

メアリ一世 Mary I　150,152,160
メルフォード,ジョン Melford, John　67

≪も≫

モア,トマス More, Thomas　132,136,147-8,185,352

≪ら≫

ラティマー,ヒューLatimer, Hugh　180,292
ラトクリフ,ロジャーRatclyff, Roger　331

≪り≫

リー,ウィリアム Legh, William　330
リーヴ,ジョーン Reeve, Joan　289-90
リー,エドワード Lee, Edward　292
リッチ Rich　163

リード,ジョーン Reed, Joan　290
リー,ローランド Lee, Rowland　140

≪る≫
ルカ　135
ルター　156,354-5

≪れ≫
レイノルズ,リチャード Reynolds, Richard　347
レオ10世 Leo X　354
レップス(ラッジ),ウィリアム Repps or Rugge, William　66
レーン,ジョン Lane, John　332

≪ろ≫
ロケビー,ジェームズ Rokeby, James　333
ローソン,サー・ジョージ Lawson, Sir George　274,332
ロック(チープサイド織物商人) Lock　218
ロング,サー・ヘンリ Long, Sir Henry　332
ロングランド,ジョン Longland, John　67

事項索引　（五十音順）

≪あ≫

アイルランド反乱　26
アウグスティヌス（オースティン）修道会 Augustinian　76,164,218,299,303-4
アウグスティヌス（オースティン）修参事会 Austin Canons　75,146,153,164,311,315,328
アウグスティヌス（オースティン）女子修道会 Austin Nuns　149
アウグスティヌス（オースティン）托鉢修道会 Austin Friars　197
アーシントン女子修道院 Arthington 314
アップルトン女子修道院 Nun Appleton　294
アランデル伯爵 Arundel, Earl of 68

≪い≫

イギリス国教会（聖公会：アングリカン・チャーチ）　27-8,36, 38,102,117,123,131,156,343,359
イギリス国教会首長 Supreme Head 36
イースト・アングリア East Anglia 216
イースト・ライディング East Riding 316
イーブシャム大修道院 Evesham 318
イーリーEly　57

≪う≫

ウィルトシャーWiltshire　149,193,204,209,319,332,344
ウィルトシャー伯爵 Wiltshire, Earl of 68
ウィルトン女子修道院 Wilton　318
ウィンザー卿 Windsor, Lord　69
ウィンザーの異端　152,194
ウィンチェスター修道院大聖堂 Winchester monastic cathedrals 318
ウィンチクーム大修道院 Winchcombe　65
ウィーン包囲（第一次）　37
ウェストサフォーク West Suffolk 149
ウェストミンスター大修道院 Westminster　66
ウェストモーランド Westmoreland 215,228
ウェストモーランド伯爵 Westmorland, Earl of　69
ウェルズ Wells　65
ウェールズ辺境評議会 Council of the Marches　148
ヴォー卿 Vaux, Lord　71
ウォーデンシトー派大修道院 Warden　138
ウォリックシャーWarwickshire 215,285,332
ウォリンフォード Wallingford　151
ウォルサム大修道院　22,65,349
ウォルシンガム小修道院 Walsingham pr.　85

ウースターWorcester　57,292,319
ウースターシャーWorcestershire　204,344
ウースター修道院大聖堂 Worcester　318
ウースター伯爵 Worcester, Earl of　71
ウールスロープ小修道院 Woolstrope priory　282-3
ウルネストン大修道院 Wolneston Abbey　334

≪え≫

エイムズベリー女子修道院 Amesbury　318
エクセター侯爵 Exeter, Marquis of　69
エグルストン小修道院 Eggleston　314
エセックス伯爵 Essex, Earl of　355
エンクロージャー(囲い込み)　88,103,171,352

≪お≫

王位継承法 Act of Succession　112
オークランド Auckland　147
王室領 Crown Lands　45
王室増加収入裁判所　240,264,269,271-3,275-6,280,293,298-9,328,330,364
王立調査委員(コミッショナー) Royal Commissioners　82-3,85,111,168,185,204,260,262-5,268-71,273-4,278-9,281-2,290-1,299,302,329,338
オスマン帝国　36-7
オックスフォード運動　359
オオックスフォード伯爵 Oxford, Earl of　68
ブザーバント Observant　21
恩恵法 King`s grace`s statute　95
恩寵の巡礼 The Pilgrimage of Grace　25,49,131,133,136,141-2,144,227-8,230,233,235,237,238-9,241-2,291,314,317,325,343-4,357

≪か≫

会計監査官 Auditors　86,263,275,332
会計録 Account　98,103,168,173
カークリーズ女子修道院 Kirklees　294,314
解散指図書 Instructions　262,272,274-6,278,299
海事裁判所 Court of Admiralty　160
開封勅許状 Letter Patent　241
開封勅許状記録簿 Patent Rolls　241
カイム小修道院 Kyme　315
戒律修行僧 Canons　54,248
「回廊の修道士たち」`monks of the cloister`　113
「カトリックの牙城」　238
カービー・ベラーズ小修道院 Kirby Bellers priory　334
カーマーテン小修道院 Carmarten　148
カルダーシトー派修道院 Calder　191
カルトジオ修道会 Carthusians　21,75-6,147,179,182,185,347
カルメル修道会 Carmelites　76
カンバーランド Cumberland　131,140,191,215,228

カンバーランド伯爵 Cumberland, Earl of　70
カンタベリー聖アウグスティヌス大修道院 St. Augustine`s　66
カンタベリー大主教　28,38,61,65,126,132,140,142,152,155,233,246,328

≪き≫

議会議事堂 Parliament House　227
「議会における国王」King in Parliament　348
祈願所 Chantries　77,165-6
貴族院 House of Lords　257
救貧所 Hospitals　77,83,165,168
教会会議 Sinodals　86,267
「教会国有化案(計画)」　27,36-8,41,45,357
「教会財産査定録」Valor Ecclesiasticus　52,83-5,169,218,272
教区教会登録簿制定　173
教区司祭 Parish Priests　18
教区付司祭(教区在住聖職者) Secular Clergy　19,45,60,128,218,307,327-8,347
教区牧師 Rector　133-4
玉璽 Privy Seal　264
教皇制度 Papalism　17,19
教皇制擁護者 Papalists　19
教皇の特命使節 Legatus a Latere　18
共住聖職者団聖堂 Collegiate Church　31,33,39-40,83,168
ギャレンドン大修道院 Garrendon abbey　282-3,334
ギルバート修道会 Gilbertine　197,271,317,342

≪く≫

偶像(聖像)破壊運動　246
『愚神礼賛』　116
グラストンベリ大修道院 Glastonbury　68,84,133-5,206,213-4,318
グリーン・アンド・キャノンズ・マーシュ Green and Canons Marsh　107
グレー・ド・ウィルトン卿 Grey de Wilton, Lord　71
グレート・ミドッランド　198
クレメントソープ女子修道院 Clementhorpe　219
グロスタシャーGloucestershire　204,318,330,344
グロスター大修道院 Gloucester　319

≪け≫

ケイツビー女子修道院 Catesby　279-80,282
毛織物補助金 Wool-subsidy　25
ケルドホーム女子修道院 Keldhome　317
原始会則派 Friars Observant　53
権利譲渡証書 Charters　101,265
ケント Kent　157

≪こ≫

コヴェントリーCoventry　140
「抗議の俄雨」　107,125
コークスフォード小修道院 Cokesford　146,293
国王至上権 Royal Supremacy　18,19,161,169-70,178,347-8,352-3
国王至上法(首長法)Act of Supremacy　53

首席司祭 Dean　133
シューダ大修道院 Hude　318
首長権 Royal Headship　17,63,233
首長法(国王至上法)Act of Supremacy　112,156,237
シュルーズベリーShrewsbury　313
シュルーズベリー伯爵 Shrewsbury, Earl of　70
シュルーズベリー大修道院 Shrewsbury　67
シュルブレッド小修道院 Priory of Shulbred　305
巡察(第一回)　19,52-3,82-3,167,179
巡察(第二回)　52,83,86,167,173,218
巡察(第三回)　52,83,127,177,197,218,273,291
巡察(第四回)　52,83,262,273
荘園領主裁判所 Court Barons　33,39
助祭長 Archdeacon　132
諮問会議 Council　264,271
庶民院 House of Commons　257,323-4
「新学問」New Learning　115,180
信仰義認説　355
「信仰の擁護者」　62,354

≪す≫

枢密院 Privy Council　133,159
スクロープ卿 Scrope, Lord　71
スタッフォードシャーStaffordshire　215,334
スティックスウオルド女子修道院 Stixwold　315
ステップ二ーStepney　133
ストーク Stoke　313
スワイン女子修道院 Swine　317

≪せ≫

聖アウグスティヌス大修道院 St. Augustine`s Abbey　106
聖餐式 Holy Communion　90
聖職者会議 Convocation　60-1,216
聖職推挙権 Advowson　106,353
聖体象徴説　355
聖堂参事会員 Regular Canons　111,262
聖パウロ司教座教会首席司祭　116
聖ベネディクトの会則　21,56
聖年 Jubilee　96
聖ヨハネ騎士団　32,40,42,322
聖ヨハネ修道院　359
セッジフィールド Sedgefield　134
セント・オールバンズ大修道院 St. Alban`s　66,84
セント・ジェームズ大修道院 St. James Abbey　279-80,282
セント・ジョン・オヴ・イェルサレム St. John of Jerusalem　68
セント・ニコラス小修道院 St, Nicholas` priory　289
セント・ピーター大修道院 St. Peter`s Westminster　84
セント・フェイス小修道院 St. Faith Priory　201,293
セント・ベネッツ・ハルム大修道 St. Benet`s Hulme　66
センプリンガム修道院 Sempringham　198

≪そ≫

総巡察官 Visitor-General　100-2
総代理 Vicar-General　19,26,60,87,116,123,126,135,145,163,181,224,226,281,354
ソールズベリーSalisbury　58,147

≪た≫

第一継承法 First Succession Act　28,52,63,72,82
大聖堂 Cathedral　31,33,39-40,83,168
大聖堂参事会員 Canons　217
大法官府 Chancery　132,135-6,141-2,168,276,299
大法官府主事　133,136,141-2
タインマウス修道院 Tynemouth　238
タヴィストック大修道院 Tavistock　68
ダービー伯爵 Derby, Earl of　71
ダービーシャーDerbyshire　215
ダーフォード大修道院 Abbey of Durford　306
ダラム Durham　215,228,236-8
ダラム司教座聖堂付属修道院 Durham　138,231,238
タルボット卿 Talbot, Lord　69
ダンスタブル小修道院 Dunstable　141
タンストール Tunstall　147

≪ち≫

治安判事 Justice of the Peace　47,164
チェシャーCheshire　140,215
チェスター・ル・ストリート大聖堂 Chester-le-Street Collegiate Church　133
チックサンド女子修道院 Chicksand　204
チープサイド Cheapside　204
地方税 Rates　34-5,41
「中教会派」`central churchman`　156
直営地 Demesnes　108,262,267
調査結果書(報告書)Comperta (Comperts)　100-1,189,223,226,269,299,338

≪て≫

デイカー・オブ・ギスランド卿 Dacre of Gisland　69
デヴォンシャーDevonshire　289
「定住の誓願」Stabilitas　105,125
ティーズ Tees　313
ディナイ女子修道院 Denny　119
「出入り場所」The repair and resort　108
テュークスベリ大修道院 Tewkesbury　318
デ・ラ・プレ女子修道院 De la Pre　195

≪と≫

登録簿 Register　98
特別収益管理人 Particular Receiver　263
ドーセットシャーDorset　319,344
特権領 Liberties　33,39
トーティントン小修道院 Priory of Tortington　299
ドーバーDover　25,33,36,159,161
ドーベニー卿 Daubeney, Lord　69
ドミニコ修道会 Dominicans　76,197

ポンテフラクト聖職者会議 Pontefract 233

≪ま≫

マウントジョイ卿 Mountjoy, Lord 70
マックスストック小修道院 Maxtock priory 285
マルヴァーン小修道院 Malvern priory 292
マルトレイヴァース卿 Maltravers, Lord 70

≪み≫

ミケラム小修道院 Priory of Michelham 304
ミッドランド Midland 319
ミドルセックス Middlesex 153

≪め≫

メイデン・ブラッドリー小修道院 Maiden Bradley priory 209
メリック女子修道院 Marrick 314

≪も≫

モーダント卿 Mordaunt, Lord 70
モーリー卿 Morley, Lord 69
「両刃の剣」 122-3,125
モンタギュー卿 Montague, Lord 69
モンティーグル卿 Monteagle, Lord 71

≪ゆ≫

『ユートピア』 352

≪よ≫

ヨークシャーYorkshire 137,191,215,219,228,262,274-5,278,314,316-7
ヨーク大主教 28,38,198,235
ヨーマン(独立自営農民)Yeoman 47,164,229,240-1,351

≪ら≫

ラウス Louth 228
ラティマー卿 Latimer, Lord 68
ラトランド Rutland 331
ラトランド伯爵 Rutland, Earl of 70
ラムジー大修道院 Ramsey 159
ラムリー卿 Lumley, Lord 70
ランカスター公領裁判所 272
ランカシャーLancashire 215,228
ランダフ主教 Llandaff 67
ランブリー女子修道院 Lambley 293-4
ランベス会議 359

≪り≫

立願 Professions 90-2
リッチフィールド Lichfield 140,143,198
リッチモンド公爵 Richmond, Duke of 69
リッチモンド大執事管区 Archdeaconry of Richmond 332
リーディング大修道院 Reading 67,318
リンカンシャー 198,227-9, 235,315,317
リンカンシャー反乱 228,234
リンカン主教 67,228
リンカン大聖堂 151

≪れ≫

≪ろ≫

≪わ≫